(사)한국어문회 주관 | 교육급수

한자능력 검정시험

5급Ⅱ

기출·예상 문제집

배정한자 ➕ 기출문제 완벽 반영!

예상문제 14회 ➕ 기출·예상문제 5회 수록!

• 한자어의 이해와 활용능력을 길러주기 위한 다양한 유형의 문제 수록

• 본 시험과 같은 유형의 기출·예상문제 수록

• 실제 시험처럼 연습할 수 있는 답안지 수록

한자능력검정시험 5급Ⅱ
기출·예상문제집

머리말

　문자는 언어를 체계화하여 인간의 내면세계를 구체화하고 서술하는 데에 필요한 도구이다. 따라서 한 나라의 문자 정책은 그 나라의 이상과 추구를 구체화하며 아울러 세계 인류의 의식세계를 교류하는 데에 가교架橋 역할을 한다.

　지금 우리나라는 문자 정책의 혼선으로 말미암아 어문 교육 정책은 실마리를 찾지 못하고 있으며, 사회 각처에서의 언어적 무가치와 무분별한 외래어 남용을 해소할 수 없어 내 나라 내 글인 한국어의 우수성을 저버리고 있다.

　새삼 한국어의 구성을 강조하지 않더라도 한국어는 한자와 한글로 구성되었음은 누구나 아는 사실이다. 특히 그 구성에 있어서 한자 어휘가 약 70% 이상을 차지하고 있으므로 한자와 한글을 따로 떼어서 교육하려는 것은 굴대에서 바퀴가 빠진 수레를 몰고자하는 것과 같다. 그럼에도 불구하고 학자들 간의 이권利權으로 말미암아 어문 정책이 양분되어 논쟁을 빌이는 깃은 불필요한 지식 소모에 지나지 않는다.

　이로 인하여 (사)한국어문회에서는 우리글인 한국어를 올바로 인식시키고, 고급 지식의 경제 생산을 이룩하기 위하여 초등학생부터 일반인에 이르기까지 '한자능력검정시험'을 시행하고 있다. 매년 수험생이 증가하고 있어 다행한 일이라 여겨지기는 하나 전국민이 학교의 의무 교육으로부터 올바른 한국어 교육을 받을 수 있도록 정책을 세우는 것보다는 못할 것이다.

　한편 사회 각처에서 국한國漢혼용의 필요성이 대두되면서 한자교육학회의 난립과 한자검정시험이 난무하고 있어, 오랜 세월 학자들이 주장해온 국한 혼용의 본래 취지와 한국어 교육의 참뜻을 저해할까 두려운 마음이 앞선다.

　다행히 무분별한 외래문화의 수용 속에서 우리 것을 바로 알고 지켜나가는 (사)한국어문회가 어문 정책의 일환으로 추진하는 '한자능력검정시험'이 꾸준히 뿌리를 내리고 있어 한결 마음 뿌듯하며, 한국어 학습자와 수험생에게 조금이나마 보탬이 되고자 이 책을 펴낸다.

원 기 출

본 문제집은 급수별 시험에 대비하는 학생이나 사회인이 한자어의 이해와 활용 능력을 기르는 데에 도움이 되도록 엮은 것이다.

본 문제집은 (사)한국어문회에서 주관하고 한국한자검정회에서 시행하는 한자능력검정시험의 출제유형에 따라 예상문제와 기출·예상문제를 구성한 것이다.

본 문제집은 한자능력검정시험과 같이 문제지와 답안지를 별도로 수록하여, 본 시험에 대비해 보다 실전에 가까운 체험을 할 수 있도록 꾸며졌다.

본 문제집은 먼저 답안지에 1차 답안을 작성하여 채점한 후에 틀린 부분을 문제지에서 다시 풀어 볼 수 있도록 구성하였다.

본 문제집의 예상문제는 출제기준에 따라 각 급수에 배정된 한자의 범위 안에서 엮은 것으로, 본 시험에 가깝게 난이도를 조정하였으며 별도로 정답과 해설을 수록하여 문제의 이해를 높이려고 하였다.

(사)한국어문회에서 주관하고 한국한자검정회에서 시행하는 한자능력검정시험은, 급수별로 8급(50자) / 7급II(100자) / 7급(150자) / 6급II(225자) / 6급(300자) / 5급II(400자) / 5급(500자) / 4급II(750자) / 4급(1,000자) / 3급II(1,500자) / 3급(1,817자) / 2급(2,355자) / 1급(3,500자) / 특급II(4,918자) / 특급(5,978자) 등에 배정된 한자의 범위에서 출제되고 있어서 국내 여러 한자검정시험 중 급수별로 가장 많은 배정한자를 지정하고 있다.

한자 관련 시험의 종류로는 (사단법인)한국어문회에서 주관하고 한국한자능력검정회에서 시행하는 한자능력검정시험과 국내 각종 한자자격시험 및 한자경시대회 등이 있다.

- ✓ 상위급수 한자는 모두 하위급수 한자를 포함하고 있습니다.
- ✓ 쓰기 배정 한자는 한두 급수 아래의 읽기 배정한자이거나 그 범위 내에 있습니다.
- ✓ 공인급수는 특급 ~ 3급II이며, 교육급수는 4급 ~ 8급입니다.
- ✓ 출제기준표는 기본지침자료로서, 출제자의 의도에 따라 차이가 있을 수 있습니다.
- ✓ 급수는 특급, 특급II, 1급, 2급, 3급, 3급II, 4급, 4급II, 5급, 5급II, 6급, 6급II, 7급, 7급II, 8급으로 구분합니다.

구분	특급	특급II	1급	2급	3급	3급II	4급	4급II	5급	5급II	6급	6급II	7급	7급II	8급
독음	45	45	50	45	45	45	32	35	35	35	33	32	32	22	24
한자쓰기	40	40	40	30	30	30	20	20	20	20	20	10	0	0	0
훈음	27	27	32	27	27	27	22	22	23	23	22	29	30	30	24
완성형(成語)	10	10	15	10	10	10	5	5	4	4	3	2	2	2	0
반의어(相對語)	10	10	10	10	10	10	3	3	3	3	3	2	2	2	0
뜻풀이	5	5	10	5	5	5	3	3	3	3	2	2	2	2	0
동음이의어	10	10	10	5	5	5	3	3	3	3	2	0	0	0	0
부수	10	10	10	5	5	5	3	3	0	0	0	0	0	0	0
동의어(類義語)	10	10	10	5	5	5	3	3	3	3	2	0	0	0	0
약자	3	3	3	3	3	3	3	3	3	3	0	0	0	0	0
장단음	10	10	10	5	5	5	3	0	0	0	0	0	0	0	0
한문	20	20	0	0	0	0	0	0	0	0	0	0	0	0	0
필순	0	0	0	0	0	0	0	0	3	3	3	3	2	2	2
출제문항(計)	200			150			100				90	80	70	60	50
합격문항	160			105			70				63	56	49	42	35
시험시간(분)	100	90		60			50								

- ● 한자능력검정시험은 《(사)한국어문회》가 주관하고, 《한국한자능력검정회》가 1992년 12월 9일 전국적으로 시행하여 현재에 이르기까지 매년 시행하고 있는 국내 최고의 한자자격시험입니다. 또한 시험에 합격한 재학생은 내신 반영은 물론, 2000학년부터 3급과 2급 합격자를 대상으로 일부 대학에서 특기자 전형 신입생을 선발함으로써 더욱 권위있고 의미있는 한자자격시험으로 인정받고 있습니다.

- ● 《(사)한국어문회》는 1992년 6월 22일에 문화부 장관 인가로 발족하고, 그 산하에 《한국한자능력검정회》를 두고 있습니다.

- ● 한자능력검정시험은 국어의 전통성 회복과 국어 생활을 바르게 하는 데에 그 목적이 있습니다. 따라서 시험에 출제되는 내용은 교과서·교양서적·논고 등에서 출제될 것입니다.

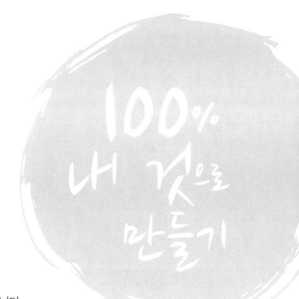

이 책은 '한자능력검정시험'에 대비하여 자신이 그동안 공부한 것을 평가하고, 자신에게
부족한 것이 무엇인가를 확인할 수 있도록, 시험 출제 가능성이 큰 내용을 위주로 엮은 것입니다.
아래의 길라잡이는 수험생이 자기 실력을 향상시키는 데에 도움이 될 수 있는 요점을 정리한 것이니, 이 책을
학습하기 전에 꼭 읽어보도록 하세요.

✓ **문제 풀이하기** 시험지가 몇 회인지, 시험 시간과 출제 문항수를 확인하고, 문제지 뒤에 붙어있는 답안지를 오려서 문제 번호를 확인하며
답안을 작성합니다.

✓ **정답 및 해설 확인하기** 시험을 마친 후에는 정답의 번호를 확인하며 답안지에 틀린 것을 표시합니다. 그런 다음에는 틀린 문제의 해
설을 확인하고 오답의 이유가 무엇이었는지를 알아야 합니다.

✓ **학습 효과 높이기** 틀린 문제를 공책에 별도로 적어두었다가 반복하여 쪽지 시험으로 확인하면 학습의 효과를 높일 수 있습니다.

✓ **자신의 실력을 인정하기** 문제를 풀이한 후에 점수가 70점이 넘지 않은 수험생은 기초가 튼튼하지 못하다는 것을 스스로 인정하고, 문
제집 앞에 수록된 배정한자, 반의어, 유의어, 한자성어 등을 학습하여야 합니다. 기초가 튼튼하지 않으면 공부를 해도 실력이 향상되지 않기
때문입니다.

✓ **기초 튼튼 다지기** 먼저 불투명한 종이로 배정한자의 훈과 음을 가리고 한자만을 보고 훈과 음을 읽는 연습을 합니다. 그런 다음에는 한자
를 가리고 훈과 음만을 보고 한자 쓰기 연습을 합니다.
무엇보다 자신의 실력을 인정하고 부족한 것부터 채워가는 노력이야말로 최고의 학습 방법입니다.

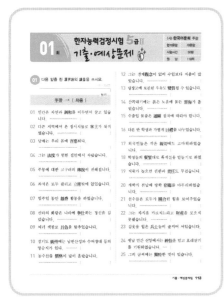  

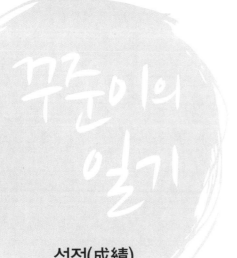

꾸준이의 일기

성적(成績)

오늘은 한자 시험을 치르는 날이었다.

"70점만 받으면 합격이다!" 그 정도 점수를 얻는 것은 그렇게 어려울 것 같지 않았다.

하지만 선생님께서 "성적은 쌓는 것이 아니라, 천을 짜는 것과 같은 것이다." 라고 하신 말씀이 생각났다.

오늘 점수 50점과 내일 점수 50점을 합친다고 해서 온전한 100점이 될 수 있는 것이 아니라는 말씀이셨다.

예를 들어, 100점이 '옷 한 벌을 지을 수 있는 천을 짠 것'이라면 70점은 같은 수고를 했으면서도 '옷 한 벌을 온전하게 지을 수 없어서 나중에 30점을 더해도 누더기 옷을 지을 수밖에 없다'는 것이다.

"아, 100점으로 합격해서 멋진 옷을 만들어 입고 싶다!!"

✔ '성적(成績)'은 '이룰 성(成)'자와 '길쌈 적(績)'자로 이루어진 한자어입니다. '길쌈 적(績)'자와 '쌓을 적(積)'자를 구별하세요!

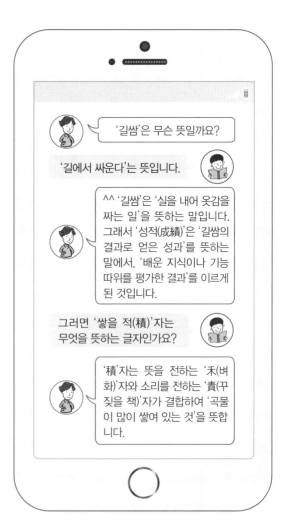

'길쌈'은 무슨 뜻일까요?

'길에서 싸운다'는 뜻입니다.

^^ '길쌈'은 '실을 내어 옷감을 짜는 일'을 뜻하는 말입니다. 그래서 '성적(成績)'은 '길쌈의 결과로 얻은 성과'를 뜻하는 말에서, '배운 지식이나 기능 따위를 평가한 결과'를 이르게 된 것입니다.

그러면 '쌓을 적(積)'자는 무엇을 뜻하는 글자인가요?

'積'자는 뜻을 전하는 '禾(벼 화)'자와 소리를 전하는 '責(꾸짖을 책)'자가 결합하여 '곡물이 많이 쌓여 있는 것'을 뜻합니다.

: 표는 長音, ▸표는 長·短音 漢字임

8급 배정한자

漢字	訓	音	부수
教	가르칠	교:	攵 – 총11획
校	학교學校	교:	木 – 총10획
九	아홉	구	乙 – 총 2획
國	나라	국	囗 – 총11획
軍	군사軍士/軍事	군	車 – 총 9획
金	쇠	금	
	성姓	김	金 – 총 8획
南	남녘	남	十 – 총 9획
女	계집	녀	女 – 총 3획
年	해	년	干 – 총 6획
大	큰	대▸	大 – 총 3획
東	동녘	동	木 – 총 8획
六	여섯	륙	八 – 총 4획
萬	일만	만:	艸 – 총13획
母	어미	모:	母 – 총 5획
木	나무	목▸	木 – 총 4획
門	문	문	門 – 총 8획
民	백성百姓	민	氏 – 총 5획

漢字	訓	音	부수
白	흰	백	白 – 총 5획
父	아비	부	父 – 총 4획
北	북녘	북	
	달아날	배	匕 – 총 5획
四	넉	사:	囗 – 총 5획
山	메	산	山 – 총 3획
三	석	삼	一 – 총 3획
生	날	생	
	낳을	생	生 – 총 5획
西	서녘	서	襾 – 총 6획
先	먼저	선	儿 – 총 6획
小	작을	소:	小 – 총 3획
水	물	수	水 – 총 4획
室	집	실	宀 – 총 9획
十	열	십	十 – 총 2획
五	다섯	오:	二 – 총 4획
王	임금	왕	玉 – 총 4획
外	바깥	외:	夕 – 총 5획
月	달	월	月 – 총 4획
二	두	이:	二 – 총 2획

漢字	訓	音	부수
人	사람	인	人 – 총 2획
日	날	일	日 – 총 4획
一	한	일	一 – 총 1획
長	긴	장▸	長 – 총 8획
弟	아우	제:	弓 – 총 7획
中	가운데	중	丨 – 총 4획
青	푸를	청	青 – 총 8획
寸	마디	촌:	寸 – 총 3획
七	일곱	칠	一 – 총 2획
土	흙	토	土 – 총 3획
八	여덟	팔	八 – 총 2획
學	배울	학	子 – 총16획
韓	나라	한▸	
	한국韓國	한▸	韋 – 총17획
兄	형	형	儿 – 총 5획
火	불	화▸	火 – 총 4획

※ 8급은 모두 50자입니다. 8급 시험에서 한자쓰기 문제는 출제되지 않습니다. 하지만, 8급 한자는 모든 급수의 기초가 되므로 많이 읽고 그 쓰임에 대하여 알아보는 것이 중요합니다.

7급II 배정한자

家	집	가	宀 - 총10획
間	사이	간	門 - 총12획
江	강	강	水 - 총6획
車	수레	거	
	수레	차	車 - 총7획
空	빌[虛空]	공	穴 - 총8획
工	장인[匠人]	공	工 - 총3획
記	기록할	기	言 - 총10획
氣	기운[氣運]	기	气 - 총10획
男	사내	남	田 - 총7획
內	안	내	入 - 총4획
農	농사[農事]	농	辰 - 총13획
答	대답[對答]	답	竹 - 총12획
道	길	도	
	말할	도	辶 - 총13획
動	움직일	동	力 - 총11획
力	힘	력	力 - 총2획
立	설	립	立 - 총5획
每	매양[每樣]	매	母 - 총7획
名	이름	명	口 - 총6획
物	물건[物件]	물	牛 - 총8획
方	모[四角]	방	方 - 총4획
不	아닐	불	一 - 총4획

事	일	사	亅 - 총8획
上	윗	상	一 - 총3획
姓	성[姓]	성	女 - 총8획
世	인간[人間]	세	一 - 총5획
手	손	수	手 - 총4획
時	때	시	日 - 총10획
市	저자	시	巾 - 총5획
食	먹을	식	
	밥	사/식	食 - 총9획
安	편안[便安]	안	宀 - 총6획
午	낮	오	十 - 총4획
右	오를	우	
	오른(쪽)	우	口 - 총5획
自	스스로	자	自 - 총6획
子	아들	자	子 - 총3획
場	마당	장	土 - 총12획
電	번개	전	雨 - 총13획
前	앞	전	刀 - 총9획
全	온전	전	入 - 총6획
正	바를	정	止 - 총5획
足	발	족	足 - 총7획
左	왼	좌	工 - 총5획
直	곧을	직	目 - 총8획
平	평평할	평	干 - 총5획

下	아래	하	一 - 총3획
漢	한수[漢水]	한	
	한나라	한	水 - 총14획
海	바다	해	水 - 총10획
話	말씀	화	言 - 총13획
活	살[生活]	활	水 - 총9획
孝	효도[孝道]	효	子 - 총7획
後	뒤	후	彳 - 총9획

※ 7급II는 8급[50자]에 새로운 한자 50자를 더하여 모두 100자입니다. 7급II에서 한자쓰기 문제는 출제되지 않습니다. 하지만, 7급II에서 사용되는 한자는 앞으로 공부할 모든 급수에서 중요한 한자이므로 모두 쓸 수 있도록 학습하는 것이 좋습니다.

7급 배정한자

歌	노래	가	欠 - 총14획
口	입	구	口 - 총3획
旗	기	기	方 - 총14획
冬	겨울	동	冫 - 총5획
洞	골	동	
	밝을	통	水 - 총9획
同	한가지	동	口 - 총6획
登	오를[登山]	등	癶 - 총12획

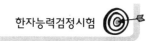
來	올	래	人 – 총 8획
老	늙을	로	老 – 총 6획
里	마을	리	里 – 총 7획
林	수풀	림	木 – 총 8획
面	낯	면	面 – 총 9획
命	목숨	명	口 – 총 8획
文	글월	문	文 – 총 4획
問	물을	문	口 – 총11획
百	일백	백	白 – 총 6획
夫	지아비	부	大 – 총 4획
算	셈	산	竹 – 총14획
色	빛	색	色 – 총 6획
夕	저녁	석	夕 – 총 3획
所	바	소	戶 – 총 8획
少	적을[젊을]	소	小 – 총 4획
數	셈	수	
	자주	삭	攵 – 총15획
植	심을	식	木 – 총12획
心	마음	심	心 – 총 4획
語	말씀	어	言 – 총14획
然	그럴	연	火 – 총12획
有	있을	유	月 – 총 6획
育	기를	육	肉 – 총 8획

邑	고을	읍	邑 – 총 7획
入	들	입	入 – 총 2획
字	글자	자	子 – 총 6획
祖	할아비	조	示 – 총10획
住	살	주	人 – 총 7획
主	임금	주	
	주인[主人]	주	丶 – 총 5획
重	무거울	중	里 – 총 9획
地	땅[따]	지	土 – 총 6획
紙	종이	지	糸 – 총10획
川	내	천	巛 – 총 3획
千	일천	천	十 – 총 3획
天	하늘	천	大 – 총 4획
草	풀	초	艹 – 총10획
村	마을	촌	木 – 총 7획
秋	가을	추	禾 – 총 9획
春	봄	춘	日 – 총 9획
出	날	출	凵 – 총 5획
便	편할	편	※'편'만 장단음
	똥오줌	변	人 – 총 9획
夏	여름	하	夊 – 총10획
花	꽃	화	艹 – 총 8획
休	쉴	휴	人 – 총 6획

※ 7급은 7급II[100자]에 새로운 한자 50자를 더하여 모두 150자입니다.
7급에서 한자쓰기 문제는 출제되지 않습니다. 하지만 7급에서 사용되는 한자는 앞으로 공부할 모든 급수에서 중요한 한자이므로 모두 쓸 수 있도록 학습하는 것이 좋습니다.

6급II 배정한자

各	각각	각	口 – 총 6획
角	뿔	각	角 – 총 7획
計	셀	계	言 – 총 9획
界	지경[地境]	계	田 – 총 9획
高	높을	고	高 – 총10획
功	공[功勳]	공	力 – 총 5획
公	공평할	공	八 – 총 4획
共	한가지	공	八 – 총 6획
科	과목[科目]	과	禾 – 총 9획
果	실과[實果]	과	木 – 총 8획
光	빛	광	儿 – 총 6획
球	공	구	玉 – 총11획
今	이제	금	人 – 총 4획
急	급할	급	心 – 총 9획
短	짧을	단	矢 – 총12획
堂	집	당	土 – 총11획

代	대신할	대 : 人 - 총 5획
對	대할	대 : 寸 - 총14획
圖	그림	도 口 - 총14획
讀	읽을	독
	구절[句節]	두 言 - 총22획
童	아이	동 ˙ 立 - 총12획
等	무리	등 : 竹 - 총12획
樂	즐길	락
	노래	악
	좋아할	요 木 - 총15획
理	다스릴	리 : 玉 - 총11획
利	이할	리 : 刀 - 총 7획
明	밝을	명 日 - 총 8획
聞	들을	문 ˙ 耳 - 총14획
班	나눌	반 玉 - 총10획
反	돌이킬	반 : 又 - 총 4획
半	반	반 : 十 - 총 5획
發	필	발 癶 - 총12획
放	놓을	방 ˙ 攵 - 총 8획
部	떼[部類]	부 邑 - 총11획
分	나눌	분 ˙ 刀 - 총 4획
社	모일	사 示 - 총 8획

書	글	서 曰 - 총10획
線	줄[針線]	선 糸 - 총15획
雪	눈	설 雨 - 총11획
省	살필	성
	덜	생 目 - 총 9획
成	이룰	성 戈 - 총 7획
消	사라질	소 水 - 총10획
術	재주	술 行 - 총11획
始	비로소	시 : 女 - 총 8획
神	귀신[鬼神]	신 示 - 총10획
身	몸	신 身 - 총 7획
信	믿을	신 : 人 - 총 9획
新	새	신 斤 - 총13획
藥	약	약 艸 - 총19획
弱	약할	약 弓 - 총10획
業	업	업 木 - 총13획
勇	날랠	용 : 力 - 총 9획
用	쓸	용 : 用 - 총 5획
運	옮길	운 : 辶 - 총13획
音	소리	음 音 - 총 9획
飮	마실	음 ˙ 食 - 총13획
意	뜻	의 : 心 - 총13획

昨	어제	작 日 - 총 9획
作	지을	작 人 - 총 7획
才	재주	재 手 - 총 3획
戰	싸움	전 : 戈 - 총16획
庭	뜰	정 广 - 총10획
題	제목[題目]	제 頁 - 총18획
第	차례	제 : 竹 - 총11획
注	부을	주 : 水 - 총 8획
集	모을	집 隹 - 총12획
窓	창	창 穴 - 총11획
清	맑을	청 水 - 총11획
體	몸	체 骨 - 총23획
表	겉	표 衣 - 총 8획
風	바람	풍 風 - 총 9획
幸	다행[多幸]	행 : 干 - 총 8획
現	나타날[現象]	현 : 玉 - 총11획
形	모양	형 彡 - 총 7획
和	화할	화 口 - 총 8획
會	모일	회 : 曰 - 총13획

※ 6급Ⅱ는 7급[150자]에 새로운 한자 75 자를 더한 225자입니다.
　단, 6급Ⅱ에서의 한자쓰기 문제는 8급 [50자]에서 출제됩니다.

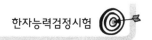

6급 배정한자

感	느낄	감:	心 - 총13획
強	강할[强=強]	강 ‣	弓 - 총11획
開	열	개:	門 - 총12획
京	서울	경	ㅗ - 총 8획
苦	쓸[味覺]	고	艹 - 총 9획
古	예	고:	口 - 총 5획
交	사귈	교	ㅗ - 총 6획
區	구분할	구	
	지경地境	구	匚 - 총11획
郡	고을	군:	邑 - 총10획
近	가까울	근:	辶 - 총 8획
根	뿌리	근	木 - 총10획
級	등급等級	급	糸 - 총10획
多	많을	다	夕 - 총 6획
待	기다릴	대:	彳 - 총 9획
度	법도法度	도 ‣	
	헤아릴	탁	广 - 총 9획
頭	머리	두	頁 - 총16획
例	법식法式	례:	人 - 총 8획
禮	예도禮度	례:	示 - 총18획
路	길	로:	足 - 총13획
綠	푸를	록	糸 - 총14획

李	오얏	리:	
	성姓	리:	木 - 총 7획
目	눈	목	目 - 총 5획
米	쌀	미	米 - 총 6획
美	아름다울	미 ‣	羊 - 총 9획
朴	성姓	박	木 - 총 6획
番	차례	번	田 - 총12획
別	다를	별	
	나눌	별	刀 - 총 7획
病	병	병:	疒 - 총10획
服	옷	복	月 - 총 8획
本	근본根本	본	木 - 총 5획
死	죽을	사:	歹 - 총 6획
使	하여금	사:	
	부릴	사:	人 - 총 8획
石	돌	석	石 - 총 5획
席	자리	석	巾 - 총10획
速	빠를	속	辶 - 총11획
孫	손자孫子	손 ‣	子 - 총10획
樹	나무	수	木 - 총16획
習	익힐	습	羽 - 총11획
勝	이길	승	力 - 총12획
式	법法	식	弋 - 총 6획
失	잃을	실	大 - 총 5획

愛	사랑	애 ‣	心 - 총13획
野	들[坪]	야:	里 - 총11획
夜	밤	야:	夕 - 총 8획
陽	볕	양	阜 - 총12획
洋	큰바다	양	水 - 총 9획
言	말씀	언	言 - 총 7획
永	길	영:	水 - 총 5획
英	꽃부리	영	艹 - 총 9획
溫	따뜻할	온	水 - 총13획
園	동산	원	口 - 총13획
遠	멀	원:	辶 - 총14획
油	기름	유	水 - 총 8획
由	말미암을	유	田 - 총 5획
銀	은	은	金 - 총14획
衣	옷	의	衣 - 총 6획
醫	의원醫院/醫員	의	酉 - 총18획
者	놈	자	老 - 총 9획
章	글	장	立 - 총11획
在	있을	재:	土 - 총 6획
定	정할	정:	宀 - 총 8획
朝	아침	조	月 - 총12획
族	겨레	족	方 - 총11획
畫	낮	주	日 - 총11획

親	친할	친	見 – 총16획
太	클	태	大 – 총 4획
通	통할	통	辶 – 총11획
特	특별할	특	牛 – 총10획
合	합할	합	
	홉	홉	口 – 총 6획
行	다닐	행	▶※'행'만 장단음
	항렬[行列]	항	行 – 총 6획
向	향할	향	口 – 총 6획
號	이름	호	▶虍 – 총13획
畫	그림	화	※'화'만 장음
	그을[劃]	획	田 – 총13획
黃	누를	황	黃 – 총12획
訓	가르칠	훈	言 – 총10획

※ 6급은 6급Ⅱ[225자]에 새로운 한자 75자를 더하여 모두 300자입니다.

5급Ⅱ 배정한자

價	값	가	人 – 총15획
客	손[賓客]	객	⼧ – 총 9획
格	격식[格式]	격	木 – 총10획
見	볼	견	
	뵈올	현	見 – 총 7획
決	결단할	결	水 – 총 7획

結	맺을	결	糸 – 총12획
敬	공경[恭敬]	경	攴 – 총13획
告	고할	고	口 – 총 7획
課	공부할	과	
	과정[課程]	과	▶言 – 총15획
過	지날	과	辶 – 총13획
關	관계할	관	門 – 총19획
觀	볼	관	見 – 총25획
廣	넓을	광	广 – 총15획
具	갖출	구	▶八 – 총 8획
舊	예	구	臼 – 총18획
局	판[形局]	국	尸 – 총 7획
己	몸	기	己 – 총 3획
基	터	기	土 – 총11획
念	생각	념	心 – 총 8획
能	능할	능	肉 – 총10획
團	둥글	단	口 – 총14획
當	마땅	당	田 – 총13획
德	큰	덕	彳 – 총15획
到	이를	도	刀 – 총 8획
獨	홀로	독	犬 – 총16획
朗	밝을	랑	月 – 총11획
良	어질	량	艮 – 총 7획
旅	나그네	려	方 – 총10획

歷	지날	력	止 – 총16획
練	익힐	련	糸 – 총15획
勞	일할	로	力 – 총12획
類	무리	류	▶頁 – 총19획
流	흐를	류	水 – 총10획
陸	뭍	륙	阜 – 총11획
望	바랄	망	月 – 총11획
法	법	법	水 – 총 8획
變	변할	변	言 – 총23획
兵	병사[兵士]	병	八 – 총 7획
福	복	복	示 – 총14획
奉	받들	봉	大 – 총 8획
史	사기[史記]	사	口 – 총 5획
士	선비	사	士 – 총 3획
仕	섬길	사	人 – 총 5획
産	낳을	산	生 – 총11획
相	서로	상	目 – 총 9획
商	장사	상	口 – 총11획
鮮	고울	선	魚 – 총17획
仙	신선[神仙]	선	人 – 총 5획
說	말씀	설	
	달랠	세	
	기쁠	열	言 – 총14획
性	성품[性品]	성	心 – 총 8획

급수별 배정한자

洗	씻을	세: 水 – 총 9획
歲	해	세: 止 – 총13획
束	묶을	속 木 – 총 7획
首	머리	수 首 – 총 9획
宿	잘	숙
	별자리	수: 宀 – 총11획
順	순할	순: 頁 – 총12획
識	알	식
	기록할	지 言 – 총19획
臣	신하	신 臣 – 총 6획
實	열매	실 宀 – 총14획
兒	아이	아 儿 – 총 8획
惡	악할	악
	미워할	오 心 – 총12획
約	맺을	약 糸 – 총 9획
養	기를	양: 食 – 총15획
要	요긴할	요 両 – 총 9획
友	벗	우: 又 – 총 4획
雨	비	우: 雨 – 총 8획
雲	구름	운 雨 – 총12획
元	으뜸	원 儿 – 총 4획
偉	클	위 人 – 총11획
以	써	이: 人 – 총 5획
任	맡길	임 人 – 총 6획

材	재목 材木	재 木 – 총 7획
財	재물 財物	재 貝 – 총10획
的	과녁	적 白 – 총 8획
典	법	전: 八 – 총 8획
傳	전할	전 人 – 총13획
展	펼	전: 尸 – 총10획
切	끊을	절
	온통	체 刀 – 총 4획
節	마디	절 竹 – 총15획
店	가게	점: 广 – 총 8획
情	뜻	정 心 – 총11획
調	고를	조 言 – 총15획
卒	마칠	졸 十 – 총 8획
種	씨	종 禾 – 총14획
週	주일 週日	주 辶 – 총12획
州	고을	주 巛 – 총 6획
知	알	지 矢 – 총 8획
質	바탕	질 貝 – 총15획
着	붙을	착 目 – 총12획
參	참여할	참
	갖은석	삼 厶 – 총11획
責	꾸짖을	책 貝 – 총11획
充	채울	충 儿 – 총 6획

宅	집	택
	집	댁 宀 – 총 6획
品	물건 物件	품: 口 – 총 9획
必	반드시	필 心 – 총 5획
筆	붓	필 竹 – 총12획
害	해할	해: 宀 – 총10획
化	될	화 匕 – 총 4획
效	본받을	효: 攴 – 총10획
凶	흉할	흉 凵 – 총 4획

※ 5급Ⅱ는 6급[300자]에 새로운 한자 100자를 더한 400자입니다.
단, 5급Ⅱ에서의 한자쓰기 문제는 6급Ⅱ[225자]에서 출제됩니다.

✎ 한자는 서체에 따라 글자 모양이 달라 져 보이나 모두 정자로 인정됩니다.

[참고 漢字]

示 = 礻	靑 = 靑
神(神) 祈(祈) 祝(祝) 祖(祖)	淸(淸) 請(請) 晴(晴) 情(情)
糸 = 糹	食 = 飠
線(線) 經(經) 續(續) 紙(紙)	飮(飮) 飯(飯) 餘(餘) 飽(飽)
辶 = 辶	八 = ソ
送(送) 運(運) 遂(遂) 遵(遵)	尊(尊) 說(說) 曾(曾) 墜(墜)

시험에 꼭! 출제되는 꾸러미

★

🎯 한자의 훈[訓 : 뜻]·음[音 : 소리]

한글은 말소리를 그대로 기호로 나타내는 소리글자이지만, 한자(漢字)는 각각의 글자가 언어의 소리와 상관없이 일정한 뜻을 나타내는 뜻글자입니다. 때문에 한자는 뜻과 소리를 함께 익혀야 그 뜻을 정확하게 전달할 수 있습니다.

敎 (가르칠 교 : 攵부 총11획) → '敎'자의 뜻[훈(訓)]은 '가르치다', 소리[음(音)]는 '교'입니다.

學 (배울 학 : 子부 총16획) → '學'자의 뜻[훈(訓)]은 '배우다', 소리[음(音)]는 '학'입니다.

★

🎯 한자의 획과 획수

획(劃)은 한자(漢字)를 이루고 있는 하나하나의 선(線)이나 점(點), 또는 한 번에 그은 줄이나 점을 말하고, 획수(劃數)는 한자를 이루고 있는 '획의 수'를 말합니다.

兄 (형 형 : 儿부 총5획) → '兄'자는 '口'자의 3획과 '儿'자의 2획이 합해져서 모두 5획입니다.

男 (사내 남 : 田부 총7획) → '男'자는 '田'자의 5획과 '力'자의 2획이 합해져서 모두 7획입니다.

★

🎯 한자의 획순

획순(劃順)은 한자(漢字)를 구성하고 있는 획을 쓰는 순서로, 필순(筆順)이라고도 합니다. 한자의 쓰기 학습은 획순이 매우 중요합니다. 왜냐하면 획순은 글자를 쓰는 차례이며 규칙이기 때문입니다. 차례와 규칙이 없다면 모든 것이 혼란스럽듯이 한자의 획순 또한 순서에 따라 바르게 익히지 않으면 글씨를 예쁘게 쓸 수 없는 것은 물론이고, 애쓰고 익힌 글자도 오래도록 기억할 수 없습니다.

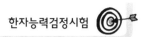
시험에 꼭! 출제되는 꾸러미

01 왼쪽에서부터 오른쪽으로 씁니다.

예 7급 川 내　　천 : 巛부 총 3획 → ㇓ ㇓㇓ 川

8급 北 북녘　북 : 匕부 총 5획 → ㇑ ㇑ ㇏ ㇏ 北

7Ⅱ 物 물건　물 : 牛부 총 8획 → ㇓ ㇓ ㇑ 牛 牜 牞 物 物

7Ⅱ 姓 성　　성 : 女부 총 8획 → ㇑ ㇑ 女 女 妁 妌 姓 姓

7급 旗 기　　기 : 方부 총14획 → ㇐ ㇑ ㇐ 方 ㇏ 方 扩 㫃 㫃 旗 旗 旗 旗 旗

02 위에서부터 아래로 내려씁니다.

예 8급 三 석　　삼 : 一부 총 3획 → ㇐ ㇐ 三

8급 金 쇠　　금 : 金부 총 8획 → ㇓ ㇒ 今 今 全 余 金 金

7급 花 꽃　　화 : 艸부 총 8획 → ㇐ ㇐ 艹 艹 艻 芢 花 花

8급 室 집　　실 : 宀부 총 9획 → ㇔ ㇔ 宀 宀 宊 宛 室 室 室

7Ⅱ 電 번개　전 : 雨부 총13획 → ㇐ ㇐ 戸 雨 雨 雨 雰 雰 雰 零 雷 雷 電

03 가로획과 세로획이 교차(交叉)할 때에는 가로획[一]을 먼저 쓰고, 세로획 [丨]을 나중에 씁니다.

예 8급 十 열　　십 : 十부 총 2획 → ㇐ 十

8급 寸 마디　촌 : 寸부 총 3획 → ㇐ 寸 寸

8급 木 나무　목 : 木부 총 4획 → ㇐ 十 才 木

7Ⅱ 世 인간　세 : 一부 총 5획 → ㇐ 十 卄 卋 世

7급 地 땅[따]　지 : 土부 총 6획 → ㇐ 十 土 圤 㘭 地

04 삐침[丿]과 파임[㇏]이 서로 만날 때에는 삐침[丿]을 먼저 쓰고, 파임[㇏]을 나중에 씁니다.

예 8급 人 사람　인 : 人부 총 2획 → ㇓ 人

8급 大 큰 대 : 大부 총 3획 → 

8급 父 아비 부 : 父부 총 4획 → 

7급 文 글월 문 : 文부 총 4획 → 

7II 後 뒤 후 : 彳부 총 9획 → 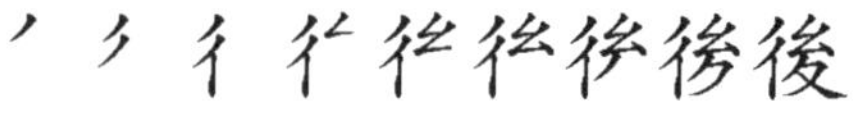

05

안쪽 획을 감싸는 글자는 바깥쪽 획을 먼저, 안쪽 획을 중간에, 아래 획을 나중에 쓴 다음 안쪽 획이 밑으로 쏟아지지 않도록 잘 닫습니다.

예 8급 四 넉 사 : 囗부 총 5획 → 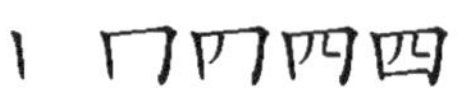

8급 國 나라 국 : 囗부 총11획 → 

7급 百 일백 백 : 白부 총 6획 → 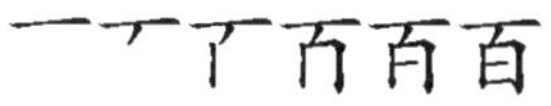

7II 直 곧을 직 : 目부 총 8획 → 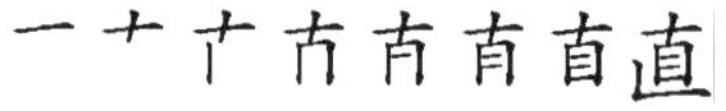

7급 面 낯 면 : 面부 총 9획 → 

06

가운데 획을 중심으로 대칭(對稱)을 이루는 글자는 가운데 획을 먼저 쓰고, 다음으로 왼쪽 획을 쓰고, 맨 나중에 오른쪽 획을 씁니다.

예 8급 山 메 산 : 山부 총 3획 → 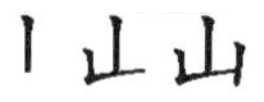

8급 小 작을 소 : 小부 총 3획 → 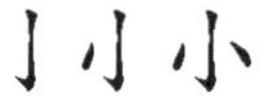

7급 少 적을 소 : 小부 총 4획 → 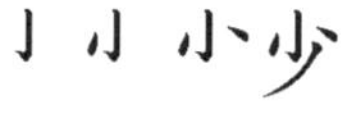

7급 出 날 출 : 凵부 총 5획 → 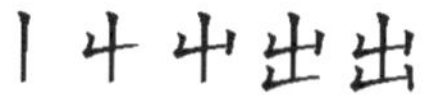

6급 永 길 영 : 水부 총 5획 → 

07

글자 전체를 꿰뚫고 지나는 획은 맨 나중에 씁니다.

예 8급 母 어미 모 : 毋부 총 5획 → 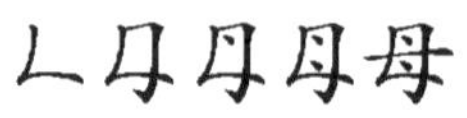

8급 中 가운데 중 : 丨부 총 4획 → 

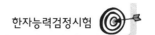
7Ⅱ 車 수레　거/차 : 車부 총 7획 → 一 ㄷ 戶 百 亘 車

7Ⅱ 事 일　　사 : 亅부 총 8획 → 一 ㄇ ㅁ 戶 写 写 写 事

7Ⅱ 海 바다　해 : 水부 총10획 → 丶 丶 氵 汀 汽 洹 海 海 海 海

08　글자의 오른쪽 위에 있는 점은 맨 나중에 씁니다.

예 6Ⅱ 代 대신할　대 : 人부 총 5획 → 丿 亻 仁 代 代

6Ⅱ 成 이룰　성 : 戈부 총 7획 → 丿 厂 厂 瓜 成 成 成

6급 式 법　식 : 弋부 총 6획 → 一 二 亍 王 式 式

6Ⅱ 戰 싸움　전 : 戈부 총16획 → 丶 丷 吅 吅 吅 甼 單 單 單 單 戰 戰 戰

5Ⅱ 識 알　식 : 言부 총19획 → 丶 亠 亍 訁 言 言 言 訐 訐 訐 訐 語 語
　　　　　　　　　　　　　語 識 識 識

※ 주의! 받침 '辶'은 '辶'과 같은 글자입니다.

09　'走'자와 같은 받침이 있는 글자는 받침[走]을 먼저 씁니다.

예 4Ⅱ 起 일어날　기 : 走부 총10획 → 一 ㅓ 土 丰 走 走 起 起 起

10　'辶, 辶'와 같은 받침이 있는 글자는 받침[辶, 辶]을 나중에 씁니다.

예 7Ⅱ 道 길　도 : 辶부 총13획 → 丶 丷 丷 艹 首 首 首 首 首 道 道 道

6급 近 가까울　근 : 辶부 총 8획 → 丶 厂 斤 斤 斤 斤 近 近

6급 速 빠를　속 : 辶부 총11획 → 一 丆 币 巿 東 束 束 涑 涑 速

6급 遠 멀　원 : 辶부 총14획 → 一 土 土 吉 吉 吉 声 袁 袁 遠 遠 遠 遠

5급 建 세울　건 : 廴부 총 9획 → 그 ㅋ ㅋ ㅋ 글 聿 聿 建 建

상대자·반대자

두 개의 글자가 서로 상대, 또는 반대되는 뜻을 가진 한자를 말합니다.

강	강 7Ⅱ	江 ↔ 山	8급 메	산	강산		
강할	강 6급	強 ↔ 弱	6Ⅱ 약할	약	강약		
높을	고 6Ⅱ	高 ↔ 下	7Ⅱ 아래	하	고하		
쓸	고 6급	苦 ↔ 樂	6Ⅱ 즐길	락	고락		
예	고 6급	古 ↔ 今	6Ⅱ 이제	금	고금		
공	공 6Ⅱ	功 ↔ 過	5Ⅱ 지날	과	공과		
빌	공 7Ⅱ	空 ↔ 陸	5Ⅱ 뭍	륙	공륙		
가르칠	교 8급	教 ↔ 習	6급 익힐	습	교습		
가르칠	교 8급	教 ↔ 學	8급 배울	학	교학		
남녘	남 8급	南 ↔ 北	8급 북녘	북	남북		
사내	남 7Ⅱ	男 ↔ 女	8급 계집	녀	남녀		
안	내 7Ⅱ	內 ↔ 外	8급 바깥	외	내외		
많을	다 6급	多 ↔ 少	7급 적을	소	다소		
큰	대 8급	大 ↔ 小	8급 작을	소	대소		
동녘	동 8급	東 ↔ 西	8급 서녘	서	동서		
늙을	로 7급	老 ↔ 童	6Ⅱ 아이	동	노동		
일할	로 5Ⅱ	勞 ↔ 使	6급 하여금	사	노사		

뭍	륙 5Ⅱ	陸 ↔ 海	7Ⅱ 바다	해	육해		
이할	리 6Ⅱ	利 ↔ 害	5Ⅱ 해할	해	이해		
어미	모 8급	母 ↔ 子	7Ⅱ 아들	자	모자		
물을	문 7급	問 ↔ 答	7Ⅱ 대답	답	문답		
물건	물 7Ⅱ	物 ↔ 心	7급 마음	심	물심		
필	발 6Ⅱ	發 ↔ 着	5Ⅱ 붙을	착	발착		
아비	부 8급	父 ↔ 母	8급 어미	모	부모		
아비	부 8급	父 ↔ 子	7Ⅱ 아들	자	부자		
나눌	분 6Ⅱ	分 ↔ 合	6Ⅱ 합할	합	분합		
선비	사 5Ⅱ	士 ↔ 民	8급 백성	민	사민		
죽을	사 6급	死 ↔ 活	7Ⅱ 살	활	사활		
메	산 8급	山 ↔ 川	7급 내	천	산천		
메	산 8급	山 ↔ 海	7Ⅱ 바다	해	산해		
윗	상 7Ⅱ	上 ↔ 下	7Ⅱ 아래	하	상하		
날	생 8급	生 ↔ 死	6급 죽을	사	생사		
먼저	선 8급	先 ↔ 後	7Ⅱ 뒤	후	선후		
물	수 8급	水 ↔ 火	8급 불	화	수화		

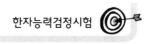

시험에 픽! 출제되는 꾸러미

물	수 8급	水 ↔ 陸 5Ⅱ	뭍	륙	수륙
손	수 7Ⅱ	手 ↔ 足 7Ⅱ	발	족	수족
새	신 6Ⅱ	新 ↔ 古 6급	예	고	신고
새	신 6Ⅱ	新 ↔ 舊 5Ⅱ	예	구	신구
신하	신 5Ⅱ	臣 ↔ 民 8급	백성	민	신민
마음	심 7급	心 ↔ 身 6Ⅱ	몸	신	심신
마음	심 7급	心 ↔ 體 6Ⅱ	몸	체	심체
사랑	애 6급	愛 ↔ 惡 5Ⅱ	미워할	오	애오
말씀	언 6급	言 ↔ 文 7급	글월	문	언문
말씀	언 6급	言 ↔ 行 6급	다닐	행	언행
멀	원 6급	遠 ↔ 近 6급	가까울	근	원근
달	월 8급	月 ↔ 日 8급	날	일	월일
소리	음 6Ⅱ	音 ↔ 訓 6급	가르칠	훈	음훈
사람	인 8급	人 ↔ 天 7급	하늘	천	인천
아들	자 7Ⅱ	子 ↔ 女 8급	계집	녀	자녀
어제	작 6Ⅱ	昨 ↔ 今 6Ⅱ	이제	금	작금
긴	장 8급	長 ↔ 短 6Ⅱ	짧을	단	장단
앞	전 7Ⅱ	前 ↔ 後 7Ⅱ	뒤	후	전후

바를	정 7Ⅱ	正 ↔ 反 6Ⅱ	돌이킬	반	정반
아침	조 6급	朝 ↔ 夕 7급	저녁	석	조석
아침	조 6급	朝 ↔ 野 6급	들	야	조야
할아비	조 7급	祖 ↔ 孫 6급	손자	손	조손
왼	좌 7Ⅱ	左 ↔ 右 7Ⅱ	오른	우	좌우
낮	주 6급	晝 ↔ 夜 6급	밤	야	주야
주인	주 7급	主 ↔ 客 5Ⅱ	손	객	주객
가운데	중 8급	中 ↔ 外 8급	바깥	외	중외
알	지 5Ⅱ	知 ↔ 行 6급	다닐	행	지행
하늘	천 7급	天 ↔ 地 7급	땅[따]	지	천지
봄	춘 7급	春 ↔ 秋 7급	가을	추	춘추
날	출 7급	出 ↔ 入 7급	들	입	출입
여름	하 7급	夏 ↔ 冬 7급	겨울	동	하동
배울	학 8급	學 ↔ 問 7급	물을	문	학문
바다	해 7Ⅱ	海 ↔ 空 7Ⅱ	빌	공	해공
형	형 8급	兄 ↔ 弟 8급	아우	제	형제
화할	화 6Ⅱ	和 ↔ 戰 6Ⅱ	싸움	전	화전
가르칠	훈 6급	訓 ↔ 學 8급	배울	학	훈학

노래	가 7급	歌 – 樂 6Ⅱ	노래	악 가악	고을	군 6급	郡 – 邑 7급	고을 읍 군읍
집	가 7Ⅱ	家 – 室 8급	집	실 가실	군사	군 8급	軍 – 兵 5Ⅱ	병사 병 군병
집	가 7Ⅱ	家 – 宅 5Ⅱ	집	택 가택	군사	군 8급	軍 – 士 5Ⅱ	선비 사 군사
격식	격 5Ⅱ	格 – 式 6급	법	식 격식	뿌리	근 6급	根 – 本 6급	근본 본 근본
맺을	결 5Ⅱ	結 – 束 5Ⅱ	묶을	속 결속	급할	급 6Ⅱ	急 – 速 6급	빠를 속 급속
맺을	결 5Ⅱ	結 – 約 5Ⅱ	맺을	약 결약	기록할	기 7Ⅱ	記 – 識 5Ⅱ	기록할 지 기지
셀	계 6Ⅱ	計 – 算 7급	셈	산 계산	몸	기 5Ⅱ	己 – 身 6Ⅱ	몸 신 기신
셀	계 6Ⅱ	計 – 數 7급	셈	수 계수	해	년 8급	年 – 歲 5Ⅱ	해 세 연세
고할	고 5Ⅱ	告 – 白 8급	흰	백 고백	집	당 6Ⅱ	堂 – 室 8급	집 실 당실
장인	공 7Ⅱ	工 – 作 6Ⅱ	지을	작 공작	그림	도 6Ⅱ	圖 – 畫 6급	그림 화 도화
한가지	공 6Ⅱ	共 – 同 7급	한가지	동 공동	길	도 7Ⅱ	道 – 路 6급	길 로 도로
과목	과 6Ⅱ	科 – 目 6급	눈	목 과목	길	도 7Ⅱ	道 – 理 6Ⅱ	다스릴 리 도리
실과	과 6Ⅱ	果 – 實 5Ⅱ	열매	실 과실	이를	도 5Ⅱ	到 – 着 5Ⅱ	붙을 착 도착
지날	과 5Ⅱ	過 – 失 6급	잃을	실 과실	골	동 7급	洞 – 里 7급	마을 리 동리
빛	광 6Ⅱ	光 – 明 6Ⅱ	밝을	명 광명	한가지	동 7급	同 – 等 6Ⅱ	무리 등 동등
빛	광 6Ⅱ	光 – 色 7급	빛	색 광색	한가지	동 7급	同 – 一 8급	한 일 동일
가르칠	교 8급	敎 – 訓 6급	가르칠	훈 교훈	머리	두 6급	頭 – 首 5Ⅱ	머리 수 두수
구분할	구 6급	區 – 別 6급	다를	별 구별	무리	등 6Ⅱ	等 – 級 6급	등급 급 등급
구분할	구 6급	區 – 分 6Ⅱ	나눌	분 구분	무리	등 6Ⅱ	等 – 類 5Ⅱ	무리 류 등류

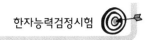

시험에 꼭! 출제되는 꾸러미

나그네	려 5Ⅱ	旅 – 客 5Ⅱ 손	객 여객
익힐	련 5Ⅱ	練 – 習 6급 익힐	습 연습
법식	례 6급	例 – 法 5Ⅱ 법	법 예법
법식	례 6급	例 – 式 6급 법	식 예식
법식	례 6급	例 – 典 5Ⅱ 법	전 예전
뭍	륙 5Ⅱ	陸 – 地 7급 땅[따]	지 육지
밝을	명 6Ⅱ	明 – 白 8급 흰	백 명백
밝을	명 6Ⅱ	明 – 朗 5Ⅱ 밝을	랑 명랑
글월	문 7급	文 – 書 6Ⅱ 글	서 문서
글월	문 7급	文 – 章 6급 글	장 문장
물건	물 7Ⅱ	物 – 品 5Ⅱ 물건	품 물품
필	발 6Ⅱ	發 – 展 5Ⅱ 펼	전 발전
모	방 7Ⅱ	方 – 道 7Ⅱ 길	도 방도
모	방 7Ⅱ	方 – 正 7Ⅱ 바를	정 방정
차례	번 6급	番 – 第 6Ⅱ 차례	제 번제
법	법 5Ⅱ	法 – 度 6급 법도	도 법도
법	법 5Ⅱ	法 – 例 6급 법식	례 법례
법	법 5Ⅱ	法 – 式 6급 법	식 법식
법	법 5Ⅱ	法 – 典 5Ⅱ 법	전 법전
변할	변 5Ⅱ	變 – 化 5Ⅱ 될	화 변화
병사	병 5Ⅱ	兵 – 士 5Ⅱ 선비	사 병사
병사	병 5Ⅱ	兵 – 卒 5Ⅱ 마칠	졸 병졸
받들	봉 5Ⅱ	奉 – 仕 5Ⅱ 섬길	사 봉사
떼	부 6Ⅱ	部 – 類 5Ⅱ 무리	류 부류
나눌	분 6Ⅱ	分 – 別 6급 나눌	별 분별
모일	사 6Ⅱ	社 – 會 6Ⅱ 모일	회 사회
일	사 7Ⅱ	事 – 業 6급 업	업 사업
셈	산 7급	算 – 數 7급 셈	수 산수
날	생 8급	生 – 活 7Ⅱ 살	활 생활
날	생 8급	生 – 産 5Ⅱ 낳을	산 생산
말씀	설 5Ⅱ	說 – 話 7Ⅱ 말씀	화 설화
성품	성 5Ⅱ	性 – 心 7급 마음	심 성심
인간	세 7Ⅱ	世 – 界 6급 지경	계 세계
인간	세 7Ⅱ	世 – 代 6급 대신할	대 세대
나무	수 6급	樹 – 林 7급 수풀	림 수림
나무	수 6급	樹 – 木 8급 나무	목 수목
법	식 6급	式 – 典 5Ⅱ 법	전 식전
몸	신 6Ⅱ	身 – 體 6Ⅱ 몸	체 신체
아이	아 5Ⅱ	兒 – 童 6Ⅱ 아이	동 아동
맺을	약 5Ⅱ	約 – 結 5Ⅱ 맺을	결 약결
맺을	약 5Ⅱ	約 – 束 5Ⅱ 묶을	속 약속
기를	양 5Ⅱ	養 – 育 7급 기를	육 양육

말씀	언 6급	言 – 語	7급	말씀	어	언어
말씀	언 6급	言 – 說	5급Ⅱ	말씀	설	언설
길	영 6급	永 – 遠	6급	멀	원	영원
꽃부리	영 6급	英 – 特	6급	특별할	특	영특
옮길	운 6급Ⅱ	運 – 動	7급Ⅱ	움직일	동	운동
클	위 5급Ⅱ	偉 – 大	8급	큰	대	위대
옷	의 6급	衣 – 服	6급	옷	복	의복
스스로	자 7급Ⅱ	自 – 己	5급Ⅱ	몸	기	자기
재주	재 6급Ⅱ	才 – 術	6급Ⅱ	재주	술	재술
법	전 5급Ⅱ	典 – 例	6급	법식	례	전례
뜰	정 6급Ⅱ	庭 – 園	6급	동산	원	정원
뜻	정 5급Ⅱ	情 – 意	6급Ⅱ	뜻	의	정의
바를	정 7급Ⅱ	正 – 直	7급Ⅱ	곧을	직	정직
제목	제 6급Ⅱ	題 – 目	6급	눈	목	제목
차례	제 6급Ⅱ	第 – 宅	5급Ⅱ	집	택	제택
고를	조 5급Ⅱ	調 – 和	6급Ⅱ	화할	화	조화
고을	주 5급Ⅱ	州 – 郡	6급	고을	군	주군
알	지 5급Ⅱ	知 – 識	5급Ⅱ	알	식	지식
바탕	질 5급Ⅱ	質 – 朴	6급	성	박	질박
바탕	질 5급Ⅱ	質 – 正	7급Ⅱ	바를	정	질정
모을	집 6급Ⅱ	集 – 會	6급Ⅱ	모일	회	집회
모을	집 6급Ⅱ	集 – 團	5급Ⅱ	둥글	단	집단
꾸짖을	책 5급Ⅱ	責 – 任	5급Ⅱ	맡길	임	책임
푸를	청 8급	靑 – 綠	6급	푸를	록	청록
마디	촌 8급	寸 – 節	5급Ⅱ	마디	절	촌절
마을	촌 7급	村 – 里	7급	마을	리	촌리
마을	촌 7급	村 – 落	5급Ⅱ	떨어질	락	촌락
날	출 7급	出 – 生	7급Ⅱ	날	생	출생
흙	토 8급	土 – 地	7급	땅[따]	지	토지
밝을	통 7급	洞 – 通	6급	통할	통	통통
편할	편 7급	便 – 安	7급Ⅱ	편안	안	편안
평평할	평 7급Ⅱ	平 – 等	6급	무리	등	평등
평평할	평 7급Ⅱ	平 – 安	7급Ⅱ	편안	안	평안
평평할	평 7급Ⅱ	平 – 和	6급Ⅱ	화할	화	평화
물건	품 5급Ⅱ	品 – 件	5급Ⅱ	물건	건	품건
배울	학 8급	學 – 習	6급	익힐	습	학습
바다	해 7급Ⅱ	海 – 洋	6급	큰바다	양	해양
다닐	행 6급	行 – 動	7급Ⅱ	움직일	동	행동
모양	형 6급Ⅱ	形 – 式	6급	법	식	형식
말씀	화 7급Ⅱ	話 – 言	6급	말씀	언	화언
흉할	흉 5급Ⅱ	凶 – 惡	5급Ⅱ	악할	악	흉악

값	가 價 ≠ 賣 팔	매	몸	기 己 ≠ 已 이미	이
느낄	감 感 ≠ 盛 성할	성	안	내 內 ≠ 丙 남녘	병
열	개 開 ≠ 聞 들을	문	농사	농 農 ≠ 晨 새벽	신
손	객 客 ≠ 各 각각	각	많을	다 多 ≠ 夕 저녁	석
쓸	고 苦 ≠ 若 같을	약	마땅	당 當 ≠ 富 부자	부
예	고 古 ≠ 吉 길할	길	기다릴	대 待 ≠ 侍 모실	시
공	공 功 ≠ 攻 칠	공	대신할	대 代 ≠ 伐 칠	벌
과목	과 科 ≠ 料 헤아릴	료	큰	대 大 ≠ 太 클	태
실과	과 果 ≠ 東 동녘	동	법도	도 度 ≠ 席 자리	석
가르칠	교 教 ≠ 校 학교	교	이를	도 到 ≠ 致 이를	치
사귈	교 交 ≠ 父 아비	부	동녘	동 東 ≠ 束 묶을	속
공	구 球 ≠ 救 구원할	구	오를	등 登 ≠ 發 필	발
아홉	구 九 ≠ 力 힘	력	즐길	락 樂 ≠ 藥 약	약
군사	군 軍 ≠ 車 수레	거/차	나그네	려 旅 ≠ 族 겨레	족
이제	금 今 ≠ 令 하여금	령	지날	력 歷 ≠ 曆 책력	력
쇠	금 金 ≠ 全 온전	전	법식	례 例 ≠ 列 벌일	렬
기	기 旗 ≠ 族 겨레	족	늙을	로 老 ≠ 孝 효도	효

푸를	록	綠	≠	緣	인연	연	빛	색	色 ≠ 邑 고을	읍
오얏	리	李	≠	季	계절	계	글	서	書 ≠ 畫 낮	주
이름	명	名	≠	各	각각	각	돌	석	石 ≠ 右 오른	우
어미	모	母	≠	每	매양	매	자리	석	席 ≠ 度 법도	도
나무	목	木	≠	水	물	수	먼저	선	先 ≠ 光 빛	광
물을	문	問	≠	聞	들을	문	눈	설	雪 ≠ 雲 구름	운
쌀	미	米	≠	來	올	래	성	성	姓 ≠ 性 성품	성
백성	민	民	≠	氏	각시	씨	작을	소	小 ≠ 少 적을	소
나눌	반	班	≠	辨	분별할	변	손자	손	孫 ≠ 係 맬	계
반	반	半	≠	牛	소	우	머리	수	首 ≠ 頁 머리	혈
흰	백	白	≠	百	일백	백	손	수	手 ≠ 毛 털	모
근본	본	本	≠	木	나무	목	이길	승	勝 ≠ 騰 오를	등
지아비	부	夫	≠	天	하늘	천	저자	시	市 ≠ 巾 수건	건
북녘	북	北	≠	比	견줄	비	새	신	新 ≠ 親 친할	친
아닐	불	不	≠	下	아래	하	신하	신	臣 ≠ 巨 클	거
견줄	비	比	≠	以	써	이	잃을	실	失 ≠ 矢 화살	시
넉	사	四	≠	西	서녘	서	사랑	애	愛 ≠ 受 받을	수
모일	사	社	≠	杜	막을	두	말씀	어	語 ≠ 話 말씀	화
메	산	山	≠	出	날	출	길	영	永 ≠ 氷 얼음	빙

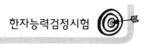

시험에 꼭! 출제되는 꾸러미

낮	오	午	≠	牛	소	우	고을	주	州 ≠ 洲 물가 주
임금	왕	王	≠	玉	구슬	옥	살	주	住 ≠ 注 부을 주
쓸	용	用	≠	冊	책	책	주인	주	主 ≠ 王 임금 왕
오를	우	右	≠	左	왼	좌	가운데	중	中 ≠ 申 납 신
기름	유	油	≠	注	부을	주	무거울	중	重 ≠ 里 마을 리
말미암을	유	由	≠	田	밭	전	붙을	착	着 ≠ 看 볼 간
마실	음	飮	≠	飯	밥	반	꾸짖을	책	責 ≠ 靑 푸를 청
사람	인	人	≠	入	들	입	일천	천	千 ≠ 干 방패 간
날	일	日	≠	曰	가로	왈	채울	충	充 ≠ 流 흐를 류
놈	자	者	≠	考	생각할	고	일곱	칠	七 ≠ 匕 비수 비
어제	작	昨	≠	作	지을	작	흙	토	土 ≠ 士 선비 사
긴	장	長	≠	辰	별	진	여덟	팔	八 ≠ 人 사람 인
있을	재	在	≠	存	있을	존	편할	편	便 ≠ 使 하여금 사
재목	재	材	≠	村	마을	촌	반드시	필	必 ≠ 心 마음 심
재목	재	材	≠	打	칠	타	다행	행	幸 ≠ 辛 매울 신
재주	재	才	≠	寸	마디	촌	모양	형	形 ≠ 刑 형벌 형
아우	제	弟	≠	第	차례	제	그림	화	畫 ≠ 晝 낮 주
마칠	졸	卒	≠	率	거느릴	솔	쉴	휴	休 ≠ 体 몸 체

한자성어 · 사자성어 · 고사성어

- 漢字成語란 우리말의 속담이나 격언 등을 한자로 옮겨 쓴 것을 말합니다.
- 四字成語란 우리말 중에서 4음절로 이루어진 한자어 낱말을 이르는 말입니다.
- 故事成語란 옛날부터 전해 내려오는 내력이 있는 일을 표현한 어구로써 옛사람들이 만든 말을 뜻합니다.

各人各色 각인각색
사람마다 각각 다름.

見物生心 견물생심
물건을 보면 가지고 싶은 욕심이 생김.

決死反對 결사반대
죽기를 각오하고 있는 힘을 다하여 반대함.

敬天愛人 경천애인
하늘을 공경하고 인간을 사랑함.

高山流水 고산유수
'높은 산과 그 곳에 흐르는 물'이라는 뜻에서, '맑은 자연'을 비유하여 이르는 말.

公明正大 공명정대
하는 일이나 행동에 사사로움이 없이 떳떳하고 바름.

交友以信 교우이신
'벗은 믿음으로써 사귀어야 한다.'는 세속오계의 하나.

教學相長 교학상장
가르치고 배우면서 더불어 성장함.

九死一生 구사일생
'아홉 번 죽을 뻔하다 한 번 살아난다.'는 뜻으로, '죽을 고비를 여러 차례 넘기고 겨우 살아남'을 이르는 말.

男女老少 남녀노소
'남자와 여자, 늙은이와 젊은이'란 뜻으로, '모든 사람'을 이르는 말.

男女有別 남녀유별
'남자와 여자 사이에 분별이 있어야 함'을 이르는 말.

老少同樂 노소동락
늙은이와 젊은이가 함께 즐김.

農林水産 농림수산
농산물, 잠업, 식량, 농촌개발, 수리(水利), 축산에 관한 일.

大明天地 대명천지
아주 환하게 밝은 세상.

同苦同樂 동고동락
괴로움과 즐거움을 함께 함.

東問西答 동문서답
물음과는 전혀 상관없는 엉뚱한 대답. 문동답서(問東答西).

東西古今 동서고금
동양과 서양, 옛날과 지금을 통틀어 이르는 말.

同姓同本 동성동본
성(姓)과 본관(本貫)이 모두 같음.

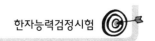

聞一知十 **문일지십**

'하나를 듣고 열 가지를 미루어 안다.'는 뜻에서, '매우 총명함'을 비유하여 이르는 말.

門前成市 **문전성시**

'집 문 앞이 시장을 이룬다.'는 뜻으로, '찾아오는 사람이 많음'을 이르는 말.

白面書生 **백면서생**

희고 고운 얼굴에 글만 읽어서 세상일에 전혀 경험이 없는 사람.

百發百中 **백발백중**

'백 번 쏘아 백 번 맞힌다.'는 뜻으로, '무슨 일이든지 틀림없이 잘 들어맞음'을 이르는 말

白衣民族 **백의민족**

'흰옷을 입은 민족'이라는 뜻으로, '우리민족'을 이르는 말.

百戰百勝 **백전백승**

싸울 때마다 다 이김. 백전불패(百戰不敗).

父子有親 **부자유친**

'아버지와 아들의 도리는 친애함에 있음'을 이르는 말.

父傳子傳 **부전자전**

대대로 아버지가 아들에게 전함. 부자상전(父子相傳). 부전자승(父傳子承).

北窓三友 **북창삼우**

'거문고, 술, 시(詩)'를 아울러 이르는 말.

不老長生 **불로장생**

늙지 아니하고 오래 삶. 장생불로(長生不老).

不遠千里 **불원천리**

천 리 길도 멀다고 여기지 않음.

士農工商 **사농공상**

(예전에) 백성을 나누던 네 가지 계급으로 '선비, 농부(農夫), 장인(匠人), 상인(商人)'을 이르던 말.

四方八方 **사방팔방**

여기저기 모든 방향이나 방면.

山高水長 **산고수장**

'산은 높고 강은 길게 흐른다.'는 뜻으로, '인자나 군자의 덕행이 높고 한없이 오래 전하여 내려오는 것'을 이르는 말.

山戰水戰 **산전수전**

'산에서도 싸우고 물에서도 싸웠다'는 뜻으로 '세상일의 온갖 고난을 겪은 경험'을 이르는 말.

山川草木 **산천초목**

'산과 내와 풀과 나무'라는 뜻으로, '자연'을 이르는 말.

生年月日 **생년월일**

태어난 해와 달과 날.

生命工學 **생명공학**

생명 현상, 생물 기능 그 자체를 인위적으로 조작하여 물질의 생산이나 검출 등에 이용하는 기술.

生死苦樂 **생사고락**

'삶과 죽음, 괴로움과 즐거움'을 아울러 이르는 말.

先史時代 **선사시대**

문헌 사료가 전혀 존재하지 않는 석기 시대, 청동기 시대.

世上萬事 **세상만사**

세상에서 일어나는 온갖 일.

身土不二 **신토불이**

'몸과 땅은 둘이 아니고 하나'라는 뜻으로, '자기

가 사는 땅에서 생산한 농산물이라야 몸에 잘 맞음'을 이르는 말.

● 十中八九 **십중팔구**

'열 가운데 여덟이나 아홉 정도'라는 말.

● 安分知足 **안분지족**

편안한 마음으로 제 분수(分數)를 지키며 만족할 줄을 앎.

● 安心立命 **안심입명**

자신의 불성(佛性)을 깨닫고 삶과 죽음을 초월함으로써 마음의 편안함을 얻는 것을 이르는 말.

● 野生動物 **야생동물**

산이나 들에서 그대로 자라는 동물.

● 良藥苦口 **양약고구**

'좋은 약은 입에 쓰다.'는 뜻에서, '충고하는 말은 귀에 거슬리나 자신에게 이로움'을 이르는 말.

● 語不成說 **어불성설**

말이 조금도 사리에 맞지 않음.

● 樂山樂水 **요산요수**

'산을 좋아하고 물을 좋아한다.'는 뜻으로, '자연을 좋아함'을 이르는 말.

● 類萬不同 **유만부동**

비슷한 것이 많으나 서로 같지 아니함, 정도에 넘치거나 분수에 맞지 아니함.

● 以實直告 **이실직고**

사실 그대로 고함.

● 以心傳心 **이심전심**

마음에서 마음으로 서로 뜻을 전함. 심심상인(心心相印).

● 人命在天 **인명재천**

'사람의 목숨은 하늘에 달려 있다.'는 뜻에서, '목숨의 길고 짧음은 하늘에 매여 있어서 사람의 힘으로 어쩔 수 없음'을 이르는 말.

● 人事不省 **인사불성**

제 몸에 벌어지는 일을 모를 만큼 정신을 잃은 상태.

● 一口二言 **일구이언**

'한 입으로 두 말을 한다.'는 뜻으로, '한가지 일에 대하여 말을 이랬다저랬다 함'을 이르는 말.

● 一長一短 **일장일단**

'한 쪽의 장점과 다른 한 쪽의 단점'이라는 말.

● 一朝一夕 **일조일석**

'하루아침과 하루 저녁'이란 뜻으로, '짧은 시일'을 이르는 말.

● 子孫萬代 **자손만대**

오래도록 내려오는 여러 대. 세세손손(世世孫孫). 대대손손(代代孫孫).

● 自手成家 **자수성가**

물려받은 재산이 없이 자기 혼자의 힘으로 집안을 일으키고 재산을 모음.

● 自由自在 **자유자재**

자기 뜻대로 모든 것이 자유롭고 거침이 없음.

● 作心三日 **작심삼일**

'마음먹은 것이 사흘을 가지 못한다.'는 뜻으로, '결심이 굳지 못함'을 이르는 말.

● 電光石火 **전광석화**

번갯불이나 부싯돌의 불이 번쩍거리는 것과 같이 '매우 짧은 시간이나 매우 재빠른 움직임 따위'를 비유하여 이르는 말.

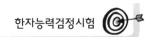
시험에 꾁! 출제되는 꾸러미

● 主客一體 주객일체

주체(主體)와 객체(客體)가 하나가 됨.

● 天下第一 천하제일

세상에 견줄 만한 것이 없이 최고임.

● 靑山流水 청산유수

'푸른 산과 흐르는 물'이라는 뜻으로, '말을 막힘 없이 잘하는 모양 또는 그렇게 하는 말'을 비유하여 이르는 말.

● 淸風明月 청풍명월

맑은 바람과 밝은 달. 풍월(風月).

● 草家三間 초가삼간

'세 칸의 초가'라는 뜻으로, '아주 작은 집'을 이르는 말.

● 草食動物 초식동물

주로 풀을 먹고사는 동물.

● 土木工事 토목공사

땅과 하천 따위를 고쳐 만드는 공사.

● 八道江山 팔도강산

팔도의 강산이라는 뜻으로, '우리나라 전체의 강산'을 이르는 말.

● 八方美人 팔방미인

어느 모로 보나 아름다운 사람, 또는 여러 방면에 능통한 사람.

● 花朝月夕 화조월석

'꽃 피는 아침[음력 2월]과 달 밝은 밤[음력 8월 보름]'이라는 뜻으로, '경치가 좋은 시절'을 이르는 말.

● 訓民正音 훈민정음

'백성을 가르치는 바른 소리'라는 뜻으로, 1443년에 세종이 창제한 우리나라 글자.

약자(略字)

글자의 획수를 줄여서 쓴 글자를 말합니다.

対	對 (대할 대)	体	體 (몸 체)
図	圖 (그림 도)	読	讀 (읽을 독)
楽	樂 (즐길 락)	会	會 (모일 회)
気	氣 (기운 기)	発	發 (필 발)
来	來 (올 래)	薬	藥 (약 약)
数	數 (셈 수)	国	國 (나라 국)
战 戰	戰 (싸움 전)	万	萬 (일만 만)
		学	學 (배울 학)

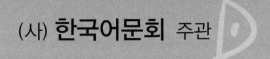

(사) **한국어문회** 주관

한자능력 검정시험

예상문제 **5**급 II

▷ **1**회 ~ **14**회

정답과 해설은 129 ~ 149쪽에 있습니다.

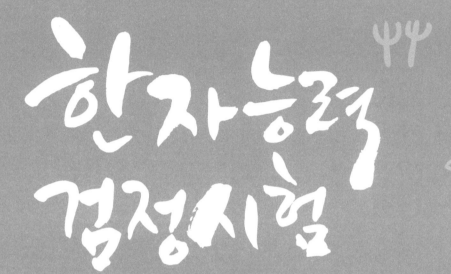

01회

한자능력검정시험 5급Ⅱ 예상문제

(사) 한국어문회 주관	
합격문항	70문항
시험시간	50분
정답	129쪽

01 다음 밑줄 친 漢字語의 讀音을 쓰세요.

01~35번

| 보기 |

字音 → [자음]

01 꾸준히 운동하는 것이 생각보다 어렵다는 것을 實感하였다. …… [   ]

02 여러 색깔로 具色을 맞추었다.
……………………………… [   ]

03 동생은 特別한 볼일도 없이 뛰어다녔다.
……………………………… [   ]

04 두 물질 사이에 化學변화가 일어났다.
……………………………… [   ]

05 우리 편이 불리한 形局에 놓였다.
……………………………… [   ]

06 대화와 타협으로 結束을 이루어냈다.
……………………………… [   ]

07 벼의 種子 개량에 성공하였다.
……………………………… [   ]

08 그는 기쁜 表情을 지으며 다가왔다.
……………………………… [   ]

09 親切한 가게는 또 오고 싶어진다.
……………………………… [   ]

10 남북交流의 물꼬를 텄다.
……………………………… [   ]

11 미루었던 동상 건립에 着手하였다.
……………………………… [   ]

12 이 제품은 디자인은 좋은데 材質이 좋지 않다.
……………………………… [   ]

13 경비병이 晝夜로 포로들을 감시했다.
……………………………… [   ]

14 높이가 調節되는 의자를 구입했다.
……………………………… [   ]

15 동네 상가에 옷 가게를 開店하였다.
……………………………… [   ]

16 이 영화는 神話를 제재로 한 작품이다.
……………………………… [   ]

17 얄팍한 商術에 속아 넘어갔다.
……………………………… [   ]

18 필사적으로 저항하다 모두 戰死하였다.
……………………………… [   ]

19 자신의 過失에 대하여 용서를 빌었다.
……………………………… [   ]

20 아쉽게도 조건이 充足되지 못하였다.
……………………………… [   ]

21 지금은 서로의 利害를 떠나 단결할 때이다.
……………………………… [   ]

22 우리 가족은 남해안으로 旅行을 다녀왔다.
……………………………… [   ]

23 그 남자는 구멍가게 주인에서 사업가로 變身하였다. ……………… [   ]

24 이 저축 상품은 매월 元金에 이자가 붙는다.
……………………………… [   ]

25 역전의 勇士들이 다시 뭉쳤다.
……………………………… [   ]

26 영웅의 이름은 永遠히 남는다.
……………………………… [   ]

27 자신의 의견을 自由롭게 이야기했다.
……………………………… [   ]

28 아파트 **團地** 안에 화단을 꾸몄다.
.... [   ]

29 과학 지식을 **惡用**해서는 안 된다.
.... [   ]

30 그는 여전히 **在來** 방식을 고집하였다.
.... [   ]

31 현진이는 학교를 졸업하고 **見習**사원이 되었다.
.... [   ]

32 차분한 목소리로 연설문을 **朗讀**하였다.
.... [   ]

33 달을 보며 가족들의 **幸福**을 빌었다.
.... [   ]

34 **油價** 인상으로 자동차 운행이 줄었다.
.... [   ]

35 두 선수는 서로 **勝算**이 있다고 장담하였다.
.... [   ]

02 다음 漢字의 訓훈과 흄음을 쓰세요. 36~58번

|보기|

字 → [글자 자]

36 效 [   ] 37 責 [   ]
38 間 [   ] 39 堂 [   ]
40 使 [   ] 41 通 [   ]
42 順 [   ] 43 課 [   ]
44 等 [   ] 45 歷 [   ]
46 登 [   ] 47 野 [   ]
48 友 [   ] 49 章 [   ]
50 庭 [   ] 51 品 [   ]
52 到 [   ] 53 念 [   ]
54 參 [   ] 55 休 [   ]
56 近 [   ] 57 史 [   ]
58 愛 [   ]

03 다음 밑줄 친 낱말을 漢字로 쓰세요. 59~73번

|보기|

한자 → [漢字]

59 너무 힘이 들어 걸어갈 **기력**조차 없다.
.... [   ]

60 꾸준한 **운동**은 건강에 좋다.
.... [   ]

61 그는 처음 **대면**했지만 편안한 인상을 주었다.
.... [   ]

62 축전지에 저장되었던 전하가 **방전**되었다.
.... [   ]

63 그 사건에 대한 **명백**한 증거를 찾아냈다.
.... [   ]

64 자유와 **평화**를 간절히 바랐다.
.... [   ]

65 어려울 것으로 생각했던 암호가 **의외**로 쉽게
풀렸다. .... [   ]

66 늦게 뜬 달이 **반공**에 걸려있다.
.... [   ]

67 상대편을 끌어들이기 위해 **공작**을 펼쳤다.
.... [   ]

68 이 물건은 **조상** 대대로 내려온 것이다.
.... [   ]

69 미규가 우리 반의 **반장**으로 뽑혔다.
.... [   ]

70 인구가 도시로 **집중**되고 있다.
.... [   ]

71 서울 근교에는 원예**농업**이 활발하다.
.... [   ]

72 보리들이 **해풍**에 물결치고 있다.
.... [   ]

73 부모님께서 아파트 **입주**를 신청하셨다.
.... [   ]

04 다음 訓훈과 音음에 알맞은 漢字를 쓰세요.
74~78번

|보기|
글자 자 → [字]

74 푸를 청 [   ] 75 노래 가 [   ]
76 높을 고 [   ] 77 그럴 연 [   ]
78 아이 동 [   ]

05 다음 漢字와 뜻이 상대 또는 반대되는 漢字를 쓰세요.
79~81번

79 強 ↔ [   ] 80 物 ↔ [   ]
81 [   ] ↔ 陸

06 다음 [   ]에 들어갈 漢字를 |보기|에서 찾아 그 번호를 써서 漢字語를 만드세요.
82~85번

|보기|
① 草米   ② 草木   ③ 西合   ④ 西答
⑤ 成說   ⑥ 省說   ⑦ 月石   ⑧ 月夕

82 東問 [   ] 83 花朝 [   ]
84 語不 [   ] 85 山川 [   ]

07 다음 漢字와 뜻이 같거나 비슷한 漢字를 |보기| 에서 찾아 그 번호를 쓰세요.
86~88번

|보기|
① 邑 ② 始 ③ 江 ④ 數 ⑤ 部 ⑥ 急

86 計 = [   ] 87 郡 = [   ]
88 [   ] = 速

08 다음 각 단어와 음은 같으나 뜻이 다른 단어를 주어진 뜻에 맞게 漢字로 쓰세요.
89~91번

89 下記 − [   ] : 기를 내림.
90 千里 − [   ] : 천지자연의 이치.
91 重待 − [   ] : 매우 중요하고 큼.

09 다음 漢字語의 뜻을 쓰세요.
92~94번

92 良書 : [   ]
93 養兵 : [   ]
94 注目 : [   ]

10 다음 漢字의 略字(약자 : 획수를 줄인 漢字)를 쓰세요.
95~97번

95 體 − [   ] 96 樂 − [   ]
97 圖 − [   ]

11 다음 漢字의 색이 다른 획은 몇 번째 쓰는지 |보기|에서 찾아 그 번호를 쓰세요.
98~100번

|보기|
① 첫 번째   ② 두 번째   ③ 세 번째
④ 네 번째   ⑤ 다섯 번째   ⑥ 여섯 번째
⑦ 일곱 번째   ⑧ 여덟 번째   ⑨ 아홉 번째

98 內 ············ [   ]

99 正 ············ [   ]

100 軍 ············ [   ]

02회 한자능력검정시험 **5**급Ⅱ
예상문제

(사) **한국어문회** 주관	
합격문항	70문항
시험시간	50분
정 답	130쪽

01 다음 밑줄 친 漢字語의 讀音을 쓰세요.

01~35번

| 보기 |

讀音 → [독음]

01 가원이와 현진이는 서로는 <u>多情</u>하고 친밀하였다. ·················· [   ]

02 우리 고장은 <u>觀光</u>자원이 풍부하다.
·················· [   ]

03 자신이 한 <u>約束</u>은 꼭 지켜야 한다.
·················· [   ]

04 바다를 메운 곳에 <u>工團</u>을 세우기로 하였다.
·················· [   ]

05 아깝게도 <u>相對</u>팀에게 패하고 말았다.
·················· [   ]

06 민지는 간절한 <u>所望</u>을 간직하고 있다.
·················· [   ]

07 거리의 낡은 간판이 <u>凶物</u>스럽게 보였다.
·················· [   ]

08 점심은 <u>洋式</u>으로 돈가스를 먹었다.
·················· [   ]

09 각 대표의 <u>意見</u>이 일치하였다.
·················· [   ]

10 그는 어려서부터 <u>英特</u>하였다.
·················· [   ]

11 아픈 동생에게 주려고 <u>米飮</u>을 쑤었다.
·················· [   ]

12 생활<u>用品</u>을 재활용하는 사람들이 늘고 있다.
·················· [   ]

13 우리나라는 찬란한 <u>歷史</u>를 가지고 있다.
·················· [   ]

14 예전에는 <u>江頭</u>에서 배를 타고 내렸다.
·················· [   ]

15 시간이 지나면서 <u>藥效</u>가 서서히 나타났다.
·················· [   ]

16 비행기는 무사히 활주로에 <u>安着</u>하였다.
·················· [   ]

17 오늘 <u>溫度</u>는 섭씨 30도를 넘어섰다.
·················· [   ]

18 악천후 때문인지 무선<u>交信</u>이 자주 끊겼다.
·················· [   ]

19 언니는 궁중<u>衣服</u>을 입고 연극에 출연하였다.
·················· [   ]

20 핵무기는 <u>人類</u>의 생존을 위협한다.
·················· [   ]

21 은행에 사람이 많아서 <u>順番</u>을 기다려야 했다.
·················· [   ]

22 평화통일의 <u>基調</u>를 마련해야 한다.
·················· [   ]

23 그는 <u>急使</u>를 하면서 기술을 익혔다.
·················· [   ]

24 형은 <u>在學</u> 중에 입대하였다.
·················· [   ]

25 언덕에 올라서자 <u>樂園</u>이 펼쳐졌다.
·················· [   ]

26 투사들은 <u>獨立</u>을 주장하였다.
·················· [   ]

27 다양한 <u>果實</u>나무를 재배하였다.
·················· [   ]

28 두 사람은 **親分**이 두터워 보였다.
.... [   ]

29 붓글씨를 쓰고 난 뒤에는 **洗筆**해야 한다.
.... [   ]

30 수십만 군중이 광장에 **雲集**해 있다.
.... [   ]

31 회의는 **每週** 월요일에 열린다.
.... [   ]

32 자기 **種族**끼리만 결혼을 하였다.
.... [   ]

33 노동운동은 새로운 **局面**에 접어들었다.
.... [   ]

34 두 개의 상품은 **質的**으로 차이가 있다.
.... [   ]

35 산에 올라 **新鮮**한 공기를 마셨다.
.... [   ]

02 다음 漢字의 訓훈과 音음을 쓰세요. *36~58번*

| 보기 |
字 → [글자 자]

36 練 [   ] 37 現 [   ]
38 當 [   ] 39 速 [   ]
40 孫 [   ] 41 例 [   ]
42 醫 [   ] 43 說 [   ]
44 洞 [   ] 45 敬 [   ]
46 切 [   ] 47 商 [   ]
48 臣 [   ] 49 結 [   ]
50 事 [   ] 51 仙 [   ]
52 首 [   ] 53 畫 [   ]
54 近 [   ] 55 球 [   ]
56 德 [   ] 57 黃 [   ]
58 開 [   ]

03 다음 밑줄 친 낱말을 漢字로 쓰세요. *59~73번*

| 보기 |
한자 → [漢字]

59 모두들 **체육**시간을 즐거워한다.
.... [   ]

60 물건을 사고 **계산**이 맞는지 확인하였다.
.... [   ]

61 한글과 한자를 섞어 **표기**하였다.
.... [   ]

62 평소보다 **작업**이 일찍 끝났다.
.... [   ]

63 운전자는 **차선**을 잘 지키며 운전해야 한다.
.... [   ]

64 이번 일에 민족의 **운명**이 걸려 있다.
.... [   ]

65 주말마다 **공공**도서관을 이용한다.
.... [   ]

66 새로운 기계를 **발명**하였다.
.... [   ]

67 오늘은 **오전** 수업만 한다.
.... [   ]

68 인터넷 서점에서 보고 싶은 책을 **주문**했다.
.... [   ]

69 그 이야기는 한동안 **화제**가 되었다.
.... [   ]

70 온 산의 **초목**이 푸른 옷을 입었다.
.... [   ]

71 그의 죽음을 슬퍼하는 뜻으로 **반기**를 게양
했다. .... [   ]

72 요사이 **외계** 비행물체가 자주 출현하고 있다.
.... [   ]

73 수업을 마치는 종소리가 **교정**에 울려 퍼졌다.
.... [   ]

04 다음 訓훈과 音음에 알맞은 漢字를 쓰세요.
74～78번

|보기|

글자 자 → [字]

74 과목 과 [　　　] 　　75 창 창 [　　　]
76 날랠 용 [　　　] 　　77 곧을 직 [　　　]
78 약할 약 [　　　]

05 다음 漢字와 뜻이 상대 또는 반대되는 漢字를 쓰세요.
79～81번

79 [　　　] ↔ 過　80 [　　　] ↔ 活
81 [　　　] ↔ 客

06 다음 [　　]에 들어갈 漢字를 |보기|에서 찾아 그 번호를 써서 漢字語를 만드세요. 82～85번

|보기|

① 不老　② 不二　③ 成家　④ 成長
⑤ 傳身　⑥ 傳心　⑦ 百姓　⑧ 百勝

82 百戰 [　　　] 　　83 以心 [　　　]
84 身土 [　　　] 　　85 自手 [　　　]

07 다음 漢字와 뜻이 같거나 비슷한 漢字를 |보기|에서 찾아 그 번호를 쓰세요. 86～88번

|보기|

① 萬　② 卒　③ 材　④ 根　⑤ 寸　⑥ 路

86 兵 = [　　　] 　　87 道 = [　　　]
88 [　　　] = 本

08 다음 각 단어와 음은 같으나 뜻이 다른 단어를 주어진 뜻에 맞게 漢字로 쓰세요. 89～91번

89 告知 － [　　　] : 지대가 높은 땅.

90 全功 － [　　　] : 전투에서 세운 공로.
91 來者 － [　　　] : 남 앞에서 '자기 아내'를 이르는 말.

09 다음 漢字語의 뜻을 쓰세요. 92～94번

92 失神 : [　　　]
93 放任 : [　　　]
94 苦待 : [　　　]

10 다음 漢字의 略字(약자 : 획수를 줄인 漢字)를 쓰세요.
95～97번

95 氣 － [　　　] 　　96 會 － [　　　]
97 國 － [　　　]

11 다음 漢字의 색이 다른 획은 몇 번째 쓰는지 |보기|에서 찾아 그 번호를 쓰세요. 98～100번

|보기|

① 첫 번째　　② 두 번째　　③ 세 번째
④ 네 번째　　⑤ 다섯 번째　⑥ 여섯 번째
⑦ 일곱 번째　⑧ 여덟 번째　⑨ 아홉 번째

98 始 .... [　　　]

99 來 .... [　　　]

100 邑 .... [　　　]

01 다음 밑줄 친 漢字語의 讀音을 쓰세요.

01~35번

| 보기 |

讀音 → [독음]

01 우리 가족은 작년에 전원住宅으로 이사를 했다. ·················· [   ]

02 그는 信念대로 굳게 밀고 나갔다.
·················· [   ]

03 하루하루 수입을 着實하게 저축하였다.
·················· [   ]

04 운동장에 임시 宿所를 마련하였다.
·················· [   ]

05 그는 주요 직책을 歷任하였다.
·················· [   ]

06 밤낮으로 일만하던 그는 過勞로 쓰러졌다.
·················· [   ]

07 각지에서 愛情 어린 손길을 보내왔다.
·················· [   ]

08 삼촌은 다른 사람에 비해 體格이 유달리 커 보였다. ·················· [   ]

09 強要와 협박보다는 칭찬이 아이를 자라게 한다. ·················· [   ]

10 그들은 切親한 사이가 되었다.
·················· [   ]

11 명절이라 商店들도 모두 문을 닫았다.
·················· [   ]

12 인기 小說을 영화로 만들었다.
·················· [   ]

13 휴전선 近方에서 총성이 울렸다.
·················· [   ]

14 적들은 건물 뒤 死角에 숨어 있었다.
·················· [   ]

15 집 앞 문방구에서 筆記도구를 샀다.
·················· [   ]

16 이 고장의 대표적 産物은 인삼이다.
·················· [   ]

17 설날 아침 韓服을 입고 차례를 올렸다.
·················· [   ]

18 계속된 전투로 병사들은 士氣가 떨어져 있었다. ·················· [   ]

19 백성의 고통은 이루 形言할 수 없었다.
·················· [   ]

20 온갖 部類의 사람들이 모여 있었다.
·················· [   ]

21 우리는 練習할 때보다 더 잘했다.
·················· [   ]

22 "그 친구 참 別種이야."
·················· [   ]

23 사생대회에서 상 받은 그림을 表具하였다.
·················· [   ]

24 사람이 살고 있는 집마다 番地가 있다.
·················· [   ]

25 천 리 길 遠路에 오신 손님들도 많았다.
·················· [   ]

26 물은 산소와 수소의 結合으로 이루어진다.
·················· [   ]

27 어려서부터 조부모에게 養育되었다.
·················· [   ]

28 우리 반의 **級訓**은 성실이다.
.... [   ]

29 은서의 생각은 **獨特**하였다.
.... [   ]

30 그는 악독한 **凶計**를 꾸몄다.
.... [   ]

31 "모두들 무사하다니 참 **多幸**이다."
.... [   ]

32 추사 김정희는 어려서부터 **文章**으로 이름을
떨쳤다. .... [   ]

33 세계정세가 **急速**하게 변하고 있다.
.... [   ]

34 그의 태도는 **良識** 있는 행동이 아니었다.
.... [   ]

35 그는 지도자로서 **德望**과 실력을 모두 갖추
었다. .... [   ]

02 다음 漢字의 訓훈과 音음을 쓰세요. 36~58번

| 보기 |

字 → [글자 **자**]

36 責 [   ]   37 南 [   ]

38 必 [   ]   39 班 [   ]

40 平 [   ]   41 旅 [   ]

42 始 [   ]   43 客 [   ]

44 集 [   ]   45 病 [   ]

46 植 [   ]   47 交 [   ]

48 關 [   ]   49 充 [   ]

50 的 [   ]   51 市 [   ]

52 書 [   ]   53 夏 [   ]

54 窓 [   ]   55 性 [   ]

56 害 [   ]   57 重 [   ]

58 銀 [   ]

03 다음 밑줄 친 낱말을 漢字로 쓰세요. 59~73번

| 보기 |

한자 → [漢字]

59 주택가에 **소음**장치가 설치되었다.
.... [   ]

60 회의 중에 양측의 의견이 **대립**되었다.
.... [   ]

61 그가 온다는 것은 **공연**한 사실이었다.
.... [   ]

62 아버지께서는 새해에 금연을 **작심**하셨다.
.... [   ]

63 폐수를 몰래 버린 **업주**들이 구속되었다.
.... [   ]

64 승리를 자축하는 **회식**을 열었다.
.... [   ]

65 전철에서 **노약**자에게 자리를 양보하였다.
.... [   ]

66 풍선이 바람을 타고 **공중**으로 날아갔다.
.... [   ]

67 한가로운 **강촌**의 풍경을 그렸다.
.... [   ]

68 그와 **동등**한 자격을 갖추었다.
.... [   ]

69 바람을 **이용**하여 풍차를 돌린다.
.... [   ]

70 그의 **화술**은 조금 허풍스러웠다.
.... [   ]

71 그녀는 자신의 **의도**대로 되지 않자 신경질을
냈다. .... [   ]

72 스승의 날을 맞아 **제자**들이 선생님에게 꽃을
달아드렸다. .... [   ]

73 해군은 새로 만든 구축함을 '율곡함'이라고
명명하였다. .... [   ]

04 다음 訓훈과 音음에 알맞은 漢字를 쓰세요.
　　　　　　　　　　　　　　　　74~78번

| 보기|

글자 자 → [字]

74 모일 사 [　　　] **75** 온전 전 [　　　]
76 재주 재 [　　　] **77** 풀　초 [　　　]
78 집　실 [　　　]

05 다음 漢字와 뜻이 상대 또는 반대되는 漢字를 쓰세요.　　　　　　　79~81번

79 臣 ↔ [　　　] **80** [　　　] ↔ 舊
81 內 ↔ [　　　]

06 다음 [　]에 들어갈 漢字를 |보기|에서 찾아 그 번호를 써서 漢字語를 만드세요. 82~85번

| 보기|

① 火月　② 明月　③ 先事　④ 先史
⑤ 石火　⑥ 石化　⑦ 知足　⑧ 知族

82 電光 [　　　] **83** 淸風 [　　　]
84 [　　　] 時代 **85** 安分 [　　　]

07 다음 漢字와 뜻이 같거나 비슷한 漢字를 |보기|에서 찾아 그 번호를 쓰세요. 86~88번

| 보기|

① 例 ② 由 ③ 白 ④ 歲 ⑤ 有 ⑥ 世

86 告 = [　　　] **87** 年 = [　　　]
88 典 = [　　　]

08 다음 각 단어와 음은 같으나 뜻이 다른 단어를 주어진 뜻에 맞게 漢字로 쓰세요. 89~91번

89 約數 - [　　　] : 약효가 있는 샘물.

90 敎正 - [　　　] : 학교의 운동장.
91 團歌 - [　　　] : '시조(時調)'를 달리 이르는 말.

09 다음 漢字語의 뜻을 쓰세요. 92~94번

92 太半 : [　　　]
93 鮮度 : [　　　]
94 使者 : [　　　]

10 다음 漢字의 略字(약자 : 획수를 줄인 漢字)를 쓰세요. 95~97번

95 發 - [　　　] **96** 來 - [　　　]
97 戰 - [　　　]

11 다음 漢字의 색이 다른 획은 몇 번째 쓰는지 |보기|에서 찾아 그 번호를 쓰세요. 98~100번

| 보기|

① 첫 번째　② 두 번째　③ 세 번째
④ 네 번째　⑤ 다섯 번째　⑥ 여섯 번째
⑦ 일곱 번째　⑧ 여덟 번째　⑨ 아홉 번째

98 出 ………… [　　　]

99 每 ………… [　　　]

100 花 ………… [　　　]

04회 한자능력검정시험 **5**급II
예상문제

(사) **한국어문회** 주관	
합격문항	70문항
시험시간	50분
정 답	133쪽

01 다음 밑줄 친 漢字語의 讀音을 쓰세요.

01~35번

| 보기 |

讀音 → [독음]

01 그는 나라에 높은 **功勞**를 세웠다.

.... [   ]

02 그들은 자유를 **信奉**하였다.

.... [   ]

03 전체 문장을 간단히 **要約**하시오.

.... [   ]

04 소풍가서 **團體**사진을 찍었다.

.... [   ]

05 두 사람은 **相通**하는 점이 많았다.

.... [   ]

06 주방에 **洋銀** 주전자가 걸려 있다.

.... [   ]

07 아쉽게 사정하는 **弱者**의 입장이 되었다.

.... [   ]

08 이 연구소는 기술개발의 **産室**로 불린다.

.... [   ]

09 한 나라의 **元首**가 방문하였다.

.... [   ]

10 물가가 올라 **實質**소득은 감소하였다.

.... [   ]

11 삼국통일의 **偉業**을 이루었다.

.... [   ]

12 **時調**를 읊으며 울적한 마음을 달랬다.

.... [   ]

13 그는 동서**古今**의 풍속을 연구한다.

.... [   ]

14 병을 치료하기 위해 약을 **服用**해야 한다.

.... [   ]

15 온 가족이 **休養**을 떠나기로 하였다.

.... [   ]

16 우리 팀이 단독 **先頭**로 나섰다.

.... [   ]

17 기병을 막는 데는 **兵車**가 효과적이다.

.... [   ]

18 그는 학식이 깊고 **識見**이 탁월하였다.

.... [   ]

19 산과 들의 **新綠**이 연둣빛 물감 같다.

.... [   ]

20 모든 일을 단독으로 **決行**하였다.

.... [   ]

21 최대 **風速**이 초속 10미터 이상이었다.

.... [   ]

22 이번 일의 잘못으로 **問責**을 받았다.

.... [   ]

23 지후는 **放課** 후에 연극 연습을 한다.

.... [   ]

24 자연 동굴 속에 **法堂**이 있었다.

.... [   ]

25 산 정상에 올라보니 **雲海**가 장관이었다.

.... [   ]

26 새로운 시대가 **到來**하였다.

.... [   ]

27 탐사대는 **現在** 위치를 알려왔다.

.... [   ]

28 이 세상에서 **類例**를 찾아볼 수 없다.
　·············· [　　　　]

29 그 이야기는 민간에 **野史**로 전한다.
　·············· [　　　　]

30 탐관오리는 세금을 **不當**하게 거두었다.
　·············· [　　　　]

31 친구들과 힘을 합쳐 **宿題**를 했다.
　·············· [　　　　]

32 오늘의 성공은 평생을 각고한 **結果**이다.
　·············· [　　　　]

33 공업지역이 **內陸**에서 해안지역으로 옮겨가고 있다. ·············· [　　　　]

34 선인장은 건조한 기후에 잘 견디는 **特性**이 있다. ·············· [　　　　]

35 책꽂이를 만들기 위해 여러 **工具**를 마련하였다. ·············· [　　　　]

02 다음 漢字의 訓훈과 音음을 쓰세요. 36~58번

　　　　　　　　　　　　　　| 보기 |
字 → [글자 자]

36 種 [　　　] 　 37 福 [　　　]
38 醫 [　　　] 　 39 園 [　　　]
40 始 [　　　] 　 41 局 [　　　]
42 商 [　　　] 　 43 充 [　　　]
44 任 [　　　] 　 45 郡 [　　　]
46 幸 [　　　] 　 47 有 [　　　]
48 基 [　　　] 　 49 的 [　　　]
50 德 [　　　] 　 51 觀 [　　　]
52 臣 [　　　] 　 53 洗 [　　　]
54 束 [　　　] 　 55 淸 [　　　]
56 敬 [　　　] 　 57 雨 [　　　]
58 歲 [　　　]

03 다음 밑줄 친 낱말을 漢字로 쓰세요. 59~73번

　　　　　　　　　　　　　　| 보기 |
한자 → [漢字]

59 산불 때문에 **주민**들이 대피하였다.
　·············· [　　　　]

60 신문에 태풍에 대한 **기사**가 실렸다.
　·············· [　　　　]

61 첨단산업을 개발하고 **육성**하였다.
　·············· [　　　　]

62 할아버지는 고향에서 **자연**과 더불어 살아가신다. ·············· [　　　　]

63 그녀의 얼굴에 연분홍 **화색**이 돌았다.
　·············· [　　　　]

64 주말에 봉사**활동**을 하였다.
　·············· [　　　　]

65 태양**광선**을 오래 쬐면 건강에 해롭다.
　·············· [　　　　]

66 겨울철 방화 대책에 **만전**을 기하였다.
　·············· [　　　　]

67 민정이는 우리 반 대표로 시합에 **출전**하였다.
　·············· [　　　　]

68 웃어른께는 격식에 맞추어 **편지**를 써야 한다.
　·············· [　　　　]

69 모든 인간은 **평등**한 권리를 가진다.
　·············· [　　　　]

70 그는 엄한 **가정**에서 자랐다.
　·············· [　　　　]

71 지원이는 **작문**에 소질이 있다.
　·············· [　　　　]

72 오빠는 학생의 **신분**으로 군대에 입대했다.
　·············· [　　　　]

73 불우이웃돕기운동에 **각계**의 온정이 쏟아졌다.
　·············· [　　　　]

04 다음 訓훈과 音음에 알맞은 漢字를 쓰세요.
74~78번

|보기|

글자 자 → [字]

74 공 구 [　　　　] 　75 셀 계 [　　　　]
76 매양 매 [　　　　] 　77 사내 남 [　　　　]
78 마실 음 [　　　　]

05 다음 漢字와 뜻이 상대 또는 반대되는 漢字를 쓰세요.
79~81번

79 訓 ↔ [　　　　] 　80 [　　　　] ↔ 害
81 正 ↔ [　　　　]

06 다음 [　]에 들어갈 漢字를 |보기|에서 찾아 그 번호를 써서 漢字語를 만드세요. 82~85번

|보기|

① 西生　　② 書生　　③ 立場　　④ 立命
⑤ 藥水　　⑥ 樂水　　⑦ 三友　　⑧ 南門

82 北窓 [　　　　] 　83 安心 [　　　　]
84 樂山 [　　　　] 　85 白面 [　　　　]

07 다음 漢字와 뜻이 같거나 비슷한 漢字를 |보기|에서 찾아 그 번호를 쓰세요. 86~88번

|보기|

① 宅　② 代　③ 式　④ 理　⑤ 土　⑥ 言

86 道 = [　　　　] 　87 世 = [　　　　]
88 話 = [　　　　]

08 다음 각 단어와 음은 같으나 뜻이 다른 단어를 주어진 뜻에 맞게 漢字로 쓰세요. 89~91번

89 週間 － [　　　　] : 낮.

90 長飮 － [　　　　] : 긴소리.
91 告急 － [　　　　] : 품질이 뛰어나고 값이 비쌈.

09 다음 漢字語의 뜻을 쓰세요. 92~94번

92 消失 : [　　　　　　　　]
93 廣角 : [　　　　　　　　]
94 意外 : [　　　　　　　　]

10 다음 漢字의 略字(약자 : 획수를 줄인 漢字)를 쓰세요.
95~97번

95 會 － [　　　] 　96 數 － [　　　]
97 國 － [　　　]

11 다음 漢字의 색이 다른 획은 몇 번째 쓰는지 |보기|에서 찾아 그 번호를 쓰세요. 98~100번

|보기|

① 첫 번째　　② 두 번째　　③ 세 번째
④ 네 번째　　⑤ 다섯 번째　　⑥ 여섯 번째
⑦ 일곱 번째　　⑧ 여덟 번째　　⑨ 아홉 번째
⑩ 열 번째　　⑪ 열한 번째　　⑫ 열두 번째

98 部 ………… [　　　　]

99 地 ………… [　　　　]

100 運 ………… [　　　　]

05회

한자능력검정시험 5급II
예상문제

(사) 한국어문회 주관	
합격문항	70문항
시험시간	50분
정 답	135쪽

01 다음 밑줄 친 漢字語의 讀音을 쓰세요.

01~35번

| 보기 |

讀音 → [독음]

01 사람들은 누구나 지상 樂園을 꿈꾼다.

.... [   ]

02 상대방의 意向을 물어보았다.

.... [   ]

03 효도는 인간의 根本이다.

.... [   ]

04 수술을 하기 위해 局部 마취를 하였다.

.... [   ]

05 학기말 시험에는 전 科目을 본다.

.... [   ]

06 민족의 애환을 切實하게 느꼈다.

.... [   ]

07 비좁았지만 두 사람이 同宿할만하였다.

.... [   ]

08 동상 건립을 위해 基金을 마련하였다.

.... [   ]

09 힘 있는 어조로 연설문을 朗讀했다.

.... [   ]

10 낡은 觀念을 극복해야 한다.

.... [   ]

11 학비를 變通하지 못해 휴학하였다.

.... [   ]

12 소년소녀 가장에게 溫情을 보내왔다.

.... [   ]

13 친구 德分에 무사히 마칠 수 있었다.

.... [   ]

14 소나 염소는 되새김하여 음식을 消化시킨다.

.... [   ]

15 약을 먹은 후 금세 神效를 보았다.

.... [   ]

16 누나는 자신이 원하던 학과에 合格하였다.

.... [   ]

17 중국 사람과 筆答을 하였다.

.... [   ]

18 한 방울의 기름이라도 節約해야 한다.

.... [   ]

19 수평선에서 붉은 太陽이 떠올랐다.

.... [   ]

20 이번 시합에 體級을 올려 출전하였다.

.... [   ]

21 아이들은 미적미적 달아날 作定을 하였다.

.... [   ]

22 우리나라에 傳來된 의술을 발전시켰다.

.... [   ]

23 헬리콥터가 들판에 着陸하였다.

.... [   ]

24 학교 주변에 書店이 많이 생겼다.

.... [   ]

25 자신의 행동에 대하여 責任을 져야 한다.

.... [   ]

26 월요일 아침마다 朝會가 있다.

.... [   ]

27 술꾼은 취중에 客氣를 부렸다.

.... [   ]

28 누나는 대학교를 <u>首席</u>으로 졸업했다.

.... [   ]

29 사람들은 전통혼례를 <u>舊式</u>이라고 하지만 우리 고유의 혼례 문화이기도 하다.

.... [   ]

30 시련이 닥칠수록 굳게 <u>團結</u>하였다.

.... [   ]

31 막사에서는 <u>戰勝</u>을 축하하는 잔치가 열렸다.

.... [   ]

32 돌기둥은 천 년의 <u>歷史</u>를 묵묵히 안고 있었다.

.... [   ]

33 성금을 행사비로 <u>流用</u>했다는 비난을 받았다.

.... [   ]

34 그는 사고 <u>當時</u>의 충격에서 벗어나지 못하였다. .... [   ]

35 인간성장호르몬 유전자를 지닌 <u>形質</u>전환 복제돼지 생산에 성공했다.

.... [   ]

02 다음 漢字의 訓훈과 音음을 쓰세요. 36~58번

| 보기 |

字 → [글자 자]

36 電 [   ]   **37** 卒 [   ]
38 惡 [   ]   **39** 綠 [   ]
40 歲 [   ]   **41** 能 [   ]
42 充 [   ]   **43** 關 [   ]
44 由 [   ]   **45** 到 [   ]
46 參 [   ]   **47** 靑 [   ]
48 兒 [   ]   **49** 課 [   ]
50 例 [   ]   **51** 決 [   ]
52 偉 [   ]   **53** 開 [   ]
54 速 [   ]   **55** 仙 [   ]
56 習 [   ]   **57** 奉 [   ]
58 的 [   ]

03 다음 밑줄 친 낱말을 漢字로 쓰세요. 59~73번

| 보기 |

한자 → [漢字]

59 빨강과 노랑을 섞어 <u>간색</u>을 만들었다.

.... [   ]

60 아마존 유역의 <u>소수</u>민족을 취재하였다.

.... [   ]

61 서당개 삼 년이면 <u>풍월</u>을 읊는다.

.... [   ]

62 두 직선이 만나 <u>직각</u>을 이루었다.

.... [   ]

63 선본이와 선현이는 우애 깊은 <u>형제</u>이다.

.... [   ]

64 숭례문은 서울의 남쪽 <u>정문</u>이다.

.... [   ]

65 아이들이 <u>교실</u>로 모여들었다.

.... [   ]

66 산간마을에 멧돼지가 <u>출현</u>하였다.

.... [   ]

67 바둑 시합에서 <u>고수</u>를 만났다.

.... [   ]

68 형은 <u>명년</u> 새 학기에 복학하기로 하였다.

.... [   ]

69 두 팀은 실력이 <u>대등</u>하다.

.... [   ]

70 가을이라 <u>농촌</u>은 황금물결이다.

.... [   ]

71 우리동네에 도매<u>시장</u>이 새로 개장하였다.

.... [   ]

72 어머니께서는 정원에 <u>화초</u>를 가꿉니다.

.... [   ]

73 단순한 지식의 <u>주입</u>으로는 올바른 인간이 될 수 없다. .... [   ]

04 다음 訓훈과 音음에 알맞은 漢字를 쓰세요.
74~78번

| 보기 |

글자 자 → [字]

74 쉴 휴 [   ] 75 들을 문 [   ]
76 뜰 정 [   ] 77 집 당 [   ]
78 새 신 [   ]

05 다음 漢字와 뜻이 상대 또는 반대되는 漢字를 쓰세요.
79~81번

79 海 ↔ [   ] 80 [   ] ↔ 孫
81 言 ↔ [   ]

06 다음 [   ]에 들어갈 漢字를 |보기|에서 찾아 그 번호를 써서 漢字語를 만드세요. 82~85번

| 보기 |

① 百中   ② 百重   ③ 以身   ④ 以信
⑤ 不省   ⑥ 不成   ⑦ 生命   ⑧ 生心

82 人事 [   ] 83 百發 [   ]
84 見物 [   ] 85 交友 [   ]

07 다음 漢字와 뜻이 같거나 비슷한 漢字를 |보기|에서 찾아 그 번호를 쓰세요.
86~88번

| 보기 |

① 東 ② 宅 ③ 度 ④ 外 ⑤ 郡 ⑥ 米

86 法 = [   ] 87 家 = [   ]
88 州 = [   ]

08 다음 각 단어와 음은 같으나 뜻이 다른 단어를 주어진 뜻에 맞게 漢字로 쓰세요.
89~91번

89 洗者 − [   ] : 임금의 아들.

90 公有 − [   ] : 함께 소유함.
91 植樹 − [   ] : 먹을 것으로 쓰는 물.

09 다음 漢字語의 뜻을 쓰세요. 92~94번

92 告別 : [   ]
93 過半 : [   ]
94 知音 : [   ]

10 다음 漢字의 略字(약자 : 획수를 줄인 漢字)를 쓰세요.
95~97번

95 圖 − [   ] 96 讀 − [   ]
97 萬 − [   ]

11 다음 漢字의 색이 다른 획은 몇 번째 쓰는지 |보기|에서 찾아 그 번호를 쓰세요. 98~100번

| 보기 |

① 첫 번째   ② 두 번째   ③ 세 번째
④ 네 번째   ⑤ 다섯 번째   ⑥ 여섯 번째
⑦ 일곱 번째   ⑧ 여덟 번째   ⑨ 아홉 번째

98 平 ············ [   ]

99 身 ············ [   ]

100 成 ············ [   ]

01 다음 밑줄 친 漢字語의 讀音을 쓰세요.

01~35번

|보기|

讀音 → [독음]

01 간판에는 '신지원'이라는 **商號**가 새겨져 있다.
.... [   ]

02 이번 일의 실패를 **自責**하였다.
.... [   ]

03 도심은 언제나 **交通**이 복잡하다.
.... [   ]

04 3은 6의 **約數**이다. …… [   ]

05 그녀는 **溫室**에서 자란 화초 같았다.
.... [   ]

06 그의 실수는 선거에서 **惡材**로 작용하였다.
.... [   ]

07 두 사람은 누군가의 **間言**에 사이가 멀어졌다.
.... [   ]

08 원시사회는 **部族** 단위로 생활하였다.
.... [   ]

09 그가 발표한 내용에 대하여 **質正**하였다.
.... [   ]

10 경포대는 **關東**팔경 중에 하나이다.
.... [   ]

11 부정행위로 시험에서 **失格**되었다.
.... [   ]

12 방학 동안에 많은 문학**作品**을 읽었다.
.... [   ]

13 일요일이면 **畫具**를 챙겨들고 시외로 나간다.
.... [   ]

14 양측 대표가 서로 **合意**하여 결정하였다.
.... [   ]

15 언덕에 올라 시내 전역을 **觀望**하였다.
.... [   ]

16 개발에 따른 환경**變化**를 우려하였다.
.... [   ]

17 그는 외아들이라서 형제간의 **友愛**를 잘 몰랐다. .... [   ]

18 독자는 **筆者**의 주장을 잘 파악해야 한다.
.... [   ]

19 선박의 발달로 **遠洋**어업이 가능하였다.
.... [   ]

20 두 사람은 평소 **面識**이 있던 사이였다.
.... [   ]

21 이미 그 **效力**을 잃어 쓸모가 없어졌다.
.... [   ]

22 조상 대대로 전해오는 **舊習**을 지켜나갔다.
.... [   ]

23 삼촌은 고향을 떠나 **客地**에서 고생을 했다.
.... [   ]

24 좋은 꿈을 꾸어서인지는 몰라도 오늘 장사에서는 큰 **利文**을 남겼다.
.... [   ]

25 부대장은 **兵士**들에게 훈시를 내렸다.
.... [   ]

26 그는 **多福**한 가정에서 자랐다.
.... [   ]

27 나라의 **法典**을 정비하였다.
.... [   ]

28 마을회관에서 敬老잔치를 열었다.
   ······················ [   ]

29 박물관에서 많은 자료를 公開하였다.
   ······················ [   ]

30 대통령이 特使를 파견하였다.
   ······················ [   ]

31 그가 똑똑하다는 것은 的然한 사실이다.
   ······················ [   ]

32 명절을 앞두고 物價가 올랐다.
   ······················ [   ]

33 그는 영재를 育英하는 사업에 힘썼다.
   ······················ [   ]

34 어떤 일이든 目前에 닥치기 전에 서둘러야
   한다. ··············· [   ]

35 글라이더가 상승 氣流에 떠받치어 날아올
   랐다. ··············· [   ]

02 다음 漢字의 訓훈과 音음을 쓰세요. 36~58번

| 보기 |
字 → [글자 자]

36 歷 [   ] 37 卒 [   ]
38 庭 [   ] 39 獨 [   ]
40 參 [   ] 41 情 [   ]
42 油 [   ] 43 後 [   ]
44 局 [   ] 45 兒 [   ]
46 團 [   ] 47 登 [   ]
48 現 [   ] 49 農 [   ]
50 展 [   ] 51 邑 [   ]
52 要 [   ] 53 紙 [   ]
54 順 [   ] 55 到 [   ]
56 勝 [   ] 57 鮮 [   ]
58 神 [   ]

03 다음 밑줄 친 낱말을 漢字로 쓰세요. 59~73번

| 보기 |
한자 → [漢字]

59 화살이 과녁에 **명중**되었다.
   ······················ [   ]

60 방학이면 **외가**에 가서 외할머니를 뵈었다.
   ······················ [   ]

61 설악산은 **국립**공원이다.
   ······················ [   ]

62 마을 주민들은 **도서**관 건립을 건의하였다.
   ······················ [   ]

63 적이 던진 표창에 **급소**를 맞았다.
   ······················ [   ]

64 이 박물관은 **휴일**에만 유료로 개방된다.
   ······················ [   ]

65 선수들이 **세계**대회에 참가하였다.
   ······················ [   ]

66 올해 농사는 **작년**에 비해 풍작이다.
   ······················ [   ]

67 백두산은 우리나라의 **명산**이다.
   ······················ [   ]

68 우리 집은 화단에 **식용** 채소를 기른다.
   ······················ [   ]

69 선수단이 씩씩하게 **입장**하였다.
   ······················ [   ]

70 우주비행에 **성공**하였다는 소식이 전해졌다.
   ······················ [   ]

71 즐겁고 보람 있는 여름**방학**을 보내자.
   ······················ [   ]

72 답을 쓸 **공백**이 부족하였다.
   ······················ [   ]

73 선거 일정을 **발표**하였다.
   ······················ [   ]

04 다음 訓훈과 音음에 알맞은 漢字를 쓰세요.
74~78번

|보기|

글자 자 → [字]

74 마을 촌 [   ]   75 모양 형 [   ]
76 심을 식 [   ]   77 모을 집 [   ]
78 재주 술 [   ]

05 다음 漢字와 뜻이 상대 또는 반대되는 漢字를 쓰세요.
79~81번

79 朝 ↔ [   ]   80 [   ] ↔ 體
81 長 ↔ [   ]

06 다음 [   ]에 들어갈 漢字를 |보기|에서 찾아 그 번호를 써서 漢字語를 만드세요. 82~85번

|보기|

① 明月   ② 藥水   ③ 直告   ④ 直線
⑤ 不同   ⑥ 不動   ⑦ 苦樂   ⑧ 苦生

82 類萬 [   ]   83 生死 [   ]
84 淸風 [   ]   85 以實 [   ]

07 다음 漢字와 뜻이 같거나 비슷한 漢字를 |보기|에서 찾아 그 번호를 쓰세요. 86~88번

|보기|

① 養 ② 級 ③ 海 ④ 束 ⑤ 頭 ⑥ 銀

86 結 = [   ]   87 首 = [   ]
88 等 = [   ]

08 다음 각 단어와 음은 같으나 뜻이 다른 단어를 주어진 뜻에 맞게 漢字로 쓰세요. 89~91번

89 天行 - [   ] : 하늘이 준 큰 행운.

90 題字 - [   ] : 스승으로부터 가르침을 받은 사람.
91 社業 - [   ] : 목적과 계획을 가지고 하는 일.

09 다음 漢字語의 뜻을 쓰세요. 92~94번

92 着工 : [   ]
93 火石 : [   ]
94 歲時 : [   ]

10 다음 漢字의 略字(약자 : 획수를 줄인 漢字)를 쓰세요.
95~97번

95 對 - [   ]   96 來 - [   ]
97 樂 - [   ]

11 다음 漢字의 색이 다른 획은 몇 번째 쓰는지 |보기|에서 찾아 그 번호를 쓰세요. 98~100번

|보기|

① 첫 번째   ② 두 번째   ③ 세 번째
④ 네 번째   ⑤ 다섯 번째   ⑥ 여섯 번째
⑦ 일곱 번째   ⑧ 여덟 번째   ⑨ 아홉 번째

98 民 ············ [   ]

99 足 ············ [   ]

100 旗 ············ [   ]

01 다음 밑줄 친 漢字語의 讀音을 쓰세요.

01~35번

| 보기 |

讀音 → [독음]

01 그의 선행에 **感動**을 받았다.
.... [   ]

02 요즘 독감이 **流行**이라 병원에 환자들이 늘고 있다. .... [   ]

03 그는 발표문을 차분한 **語調**로 읽어갔다.
.... [   ]

04 잔꾀를 부리더니 **結局** 당하고 말았다.
.... [   ]

05 이건 내가 **任意**대로 할 수 없는 일이다.
.... [   ]

06 청계천 위의 고가**道路**가 철거되었다.
.... [   ]

07 집집마다 **節電**의 생활화가 필요하다.
.... [   ]

08 "너무 **失望**하지 말고 기운 좀 내라."
.... [   ]

09 그의 실력은 빠른 **速度**로 향상되었다.
.... [   ]

10 비 때문에 경기가 **來週**로 연기되었다.
.... [   ]

11 전쟁으로 인한 **代價**는 너무나 처참하였다.
.... [   ]

12 열매, 나무껍질 따위가 유용한 **藥材**로 쓰인다.
.... [   ]

13 나는 오락보다는 **敎養** 프로그램에 관심이 많다. .... [   ]

14 할아버지는 **年歲**가 일흔이 넘었다.
.... [   ]

15 추사 김정희 선생은 금석학과 서예에 **能通**하였다. .... [   ]

16 우리 선생님은 **溫和**하면서도 엄격하시다.
.... [   ]

17 "그럼, **當然**하지." ..... [   ]

18 사람들은 마을의 **風習**을 이어갔다.
.... [   ]

19 형은 대학교를 **卒業**하고 바로 취직을 하였다.
.... [   ]

20 새로 이사한 집에는 **庭園**이 있다.
.... [   ]

21 **以前**의 일들은 따지지 않기로 하였다.
.... [   ]

22 그는 회의 **不參**을 사전에 알려왔다.
.... [   ]

23 그는 나와 둘도 없는 **親舊**이다.
.... [   ]

24 구름이 걷히자 산세가 **鮮明**해졌다.
.... [   ]

25 우리나라 **近海**에서 고래가 발견되었다.
.... [   ]

26 그는 성실하게 노력하여 **財産**을 꽤 모았다.
.... [   ]

27 만일의 사태를 **念頭**에 둘 것을 지시하였다.
.... [   ]

28 휴전선에는 **戰雲**이 감돌았다.
　　·············· [　　　　]

29 산림자원을 **開發**하였다.
　　·············· [　　　　]

30 비 때문에 **野外**공연이 취소되었다.
　　·············· [　　　　]

31 인기가 높은 물건은 금세 **品切**되었다.
　　·············· [　　　　]

32 여행을 통해 **見聞**을 넓혀야 한다.
　　·············· [　　　　]

33 그는 따끔한 충고를 잔소리쯤으로 듣는 **性向**
이 있다. ·············· [　　　　]

34 아버지께서는 오늘 **宿直**이라고 퇴근하지
않으셨다. ·············· [　　　　]

35 작물은 열매를 맺기까지 많은 **病害**를 이겨
내야 한다. ·············· [　　　　]

02 다음 漢字의 訓훈과 音음을 쓰세요. 36~58번

| 보기 |
字 → [글자 자]

36 省 [　　　]　37 勝 [　　　]
38 育 [　　　]　39 決 [　　　]
40 展 [　　　]　41 課 [　　　]
42 消 [　　　]　43 各 [　　　]
44 練 [　　　]　45 兒 [　　　]
46 仕 [　　　]　47 洋 [　　　]
48 凶 [　　　]　49 孫 [　　　]
50 良 [　　　]　51 班 [　　　]
52 化 [　　　]　53 情 [　　　]
54 雨 [　　　]　55 太 [　　　]
56 廣 [　　　]　57 夜 [　　　]
58 臣 [　　　]

03 다음 밑줄 친 낱말을 漢字로 쓰세요. 59~73번

| 보기 |
한자 → [漢字]

59 등산할 때는 **방심**해서는 안 된다.
　　·············· [　　　　]

60 모처럼 일곱 **식구**가 한자리에 모였다.
　　·············· [　　　　]

61 왕은 **춘추**가 어렸으나 강인하였다.
　　·············· [　　　　]

62 **읍내**에 나가 과일 등 먹거리를 사왔다.
　　·············· [　　　　]

63 학생들은 반주에 맞추어 힘차게 **교가**를 불
렀다. ·············· [　　　　]

64 그의 말은 **전부** 거짓이었다.
　　·············· [　　　　]

65 천민의 신분을 면하고 **평민**이 되었다.
　　·············· [　　　　]

66 그는 총명하고 **사리**에 밝았다.
　　·············· [　　　　]

67 어릴 때부터 자신의 감정을 **표현**하는 연습을
해야 한다. ·············· [　　　　]

68 이번 여행은 낯선 **지방**으로 가기로 했다.
　　·············· [　　　　]

69 원자들이 결합하여 분자를 **형성**한다.
　　·············· [　　　　]

70 그는 **반대** 의견을 말하였다.
　　·············· [　　　　]

71 선생은 **작금**의 현실을 비판하였다.
　　·············· [　　　　]

72 '금루(禁漏)'는 궁중의 물**시계**이다.
　　·············· [　　　　]

73 산꼭대기에는 아직도 **백설**이 쌓여 있었다.
　　·············· [　　　　]

04 다음 訓훈과 音음에 알맞은 漢字를 쓰세요.

74~78번

|보기|

글자 자 → [字]

74 마당 장 [　　　] **75** 급할 급 [　　　]
76 줄 선 [　　　] **77** 효도 효 [　　　]
78 살 주 [　　　]

05 다음 漢字와 뜻이 상대 또는 반대되는 漢字를 쓰세요.

79~81번

79 分 ↔ [　　　] **80** [　　　] ↔ 古
81 [　　　] ↔ 陸

06 다음 [　]에 들어갈 漢字를 |보기|에서 찾아 그 번호를 써서 漢字語를 만드세요.

82~85번

|보기|

① 同一　② 一生　③ 同樂　④ 同氣
⑤ 子傳　⑥ 子女　⑦ 功商　⑧ 工商

82 父傳 [　　　] **83** 老少 [　　　]
84 士農 [　　　] **85** 九死 [　　　]

07 다음 漢字와 뜻이 같거나 비슷한 漢字를 |보기|에서 찾아 그 번호를 쓰세요.

86~88번

|보기|

① 客　② 席　③ 話　④ 定　⑤ 着　⑥ 典

86 說 = [　　　] **87** 到 = [　　　]
88 旅 = [　　　]

08 다음 각 단어와 음은 같으나 뜻이 다른 단어를 주어진 뜻에 맞게 漢字로 쓰세요.

89~91번

89 身弱 − [　　　] : 새로운 약.

90 果勇 − [　　　] : 정도에 지나치게 씀.
91 市區 − [　　　] : 대회의 시작을 알리기 위하여 처음으로 공을 던지는 일.

09 다음 漢字語의 뜻을 쓰세요. 92~94번

92 國運 : [　　　]
93 高堂 : [　　　]
94 惡手 : [　　　]

10 다음 漢字의 略字(약자 : 획수를 줄인 漢字)를 쓰세요.

95~97번

95 數 − [　　　] **96** 學 − [　　　]
97 會 − [　　　]

11 다음 漢字의 색이 다른 획은 몇 번째 쓰는지 |보기|에서 찾아 그 번호를 쓰세요. 98~100번

|보기|

① 첫 번째　② 두 번째　③ 세 번째
④ 네 번째　⑤ 다섯 번째　⑥ 여섯 번째
⑦ 일곱 번째　⑧ 여덟 번째　⑨ 아홉 번째

98 金 ………… [　　　]

99 登 ………… [　　　]

100 號 ………… [　　　]

01 다음 밑줄 친 漢字語의 讀音을 쓰세요.

01~35번

| 보기 |

讀音 → [독음]

01 그 약초는 열을 내리는 效能이 있다.
.... [   ]

02 자녀를 무조건 放任하는 것은 좋지 않다.
.... [   ]

03 겉모양보다는 내용이 重要하다.
.... [   ]

04 텐트에서 宿食을 하였다.
.... [   ]

05 "무슨 面目으로 부모님을 대할 수 있겠습니까?" .... [   ]

06 동물의 피부와 角質의 느낌을 표현하였다.
.... [   ]

07 그의 제안은 참석자 過半수의 찬성을 얻었다.
.... [   ]

08 그는 時速 80km로 차를 몰았다.
.... [   ]

09 과거에는 産兒를 제한하기도 하였다.
.... [   ]

10 그의 언행은 法度에 맞고 점잖았다.
.... [   ]

11 그의 작품에서는 높은 格調가 느껴졌다.

12 축산폐수의 流入을 차단하였다.
.... [   ]

13 동생은 내가 하는 일에 參見을 했다.
.... [   ]

14 갑자기 햇빛이 나더니 雨氣를 싹 거둬가 버렸다. .... [   ]

15 근로자들이 勞動하는 모습을 화폭에 담았다.
.... [   ]

16 백화점에서 봄맞이 최신 商品을 선보였다.
.... [   ]

17 신문에 사람을 구하는 廣告를 냈다.
.... [   ]

18 이웃 간의 情分이 깊다.
.... [   ]

19 적의 동태를 파악한 병사가 무전기로 소대장에게 傳言했다. .... [   ]

20 등거리외교를 통해 實利를 추구하였다.
.... [   ]

21 호텔 客室은 손님들로 가득 찼다.
.... [   ]

22 새로 오신 선생님은 洋服 차림으로 교실에 들어섰다. .... [   ]

23 일주일 동안 週番활동을 해야 한다.
.... [   ]

24 밤에는 등불을 달고 신호를 識別하게 하였다.
.... [   ]

25 "이 물건들의 合計는 얼마입니까?"
.... [   ]

26 군인들이 씩씩하게 거수敬禮를 하였다.
.... [   ]

27 조용한 곳에 宅地를 마련하였다.

28 그는 **近者**에 와서 가끔 악몽을 꾸었다.
　·························· [　　　　]

29 방학 동안의 **日課**를 표로 작성하였다.
　·························· [　　　　]

30 입주를 **記念**하여 나무를 심었다.
　·························· [　　　　]

31 그녀는 **病苦**에 시달리면서도 작품의 완성에
매달렸다. ·············· [　　　　]

32 토성 안에서 **元始**시대의 많은 유물이 발굴
되었다. ················ [　　　　]

33 그는 어려운 역경 속에서도 **變節**하지 않고
절개를 지켰다. ········· [　　　　]

34 상관에게 비굴하던 그는 **卒兵**들 앞에서는
떵떵거렸다. ············ [　　　　]

35 일본은 **新式**무기를 앞세워 식민지를 넓혀
갔다. ··················· [　　　　]

02 다음 漢字의 訓훈과 音음을 쓰세요. 36~58번

| 보기 |

字 → [글자 자]

36 球 [　　　　] 37 萬 [　　　　]
38 孫 [　　　　] 39 偉 [　　　　]
40 術 [　　　　] 41 凶 [　　　　]
42 向 [　　　　] 43 歷 [　　　　]
44 州 [　　　　] 45 堂 [　　　　]
46 約 [　　　　] 47 遠 [　　　　]
48 洗 [　　　　] 49 望 [　　　　]
50 死 [　　　　] 51 共 [　　　　]
52 等 [　　　　] 53 神 [　　　　]
54 形 [　　　　] 55 習 [　　　　]
56 醫 [　　　　] 57 使 [　　　　]
58 奉 [　　　　]

03 다음 밑줄 친 낱말을 漢字로 쓰세요. 59~73번

| 보기 |

한자 → [漢字]

59 "공사 중이니 **주의**하세요."
　·························· [　　　　]

60 친구와 함께 **전과**를 찾아보며 숙제를 했다.
　·························· [　　　　]

61 두 사람은 영어로 **문답**하였다.
　·························· [　　　　]

62 형은 대학에서 한문학을 **공부**한다.
　·························· [　　　　]

63 영이는 친구에게 **전화**를 자주 건다.
　·························· [　　　　]

64 그의 솜씨는 **소문**대로 훌륭하였다.
　·························· [　　　　]

65 그는 방탕한 생활을 **청산**하였다.
　·························· [　　　　]

66 어려워 보였던 일이 뜻밖에 쉽게 **성사**되었다.
　·························· [　　　　]

67 태풍이 **남부**지방에 상륙하였다.
　·························· [　　　　]

68 우리 팀은 **약체** 팀을 가볍게 꺾었다.
　·························· [　　　　]

69 운동을 하는 **중간**에 물을 마시며 쉬었다.
　·························· [　　　　]

70 장사는 **신용**이 생명이라고 하였다.
　·························· [　　　　]

71 선수단이 **기수**를 앞세워 입장하였다.
　·························· [　　　　]

72 어둠 속에서 고통 받는 이들에게 **광명**을 찾아
주고 싶다. ············· [　　　　]

73 명절에 **일가**가 모여 차례를 지내고 덕담을
나누었다. ·············· [　　　　]

04 다음 뜻과 소리에 알맞은 漢字를 쓰세요.

74~78번

|보기|

글자 자 → [字]

74 나타날 현 [　]　75 목숨 명 [　]
76 고을 읍 [　]　77 농사 농 [　]
78 업 업 [　]

05 다음 漢字와 뜻이 상대 또는 반대되는 漢字를 쓰세요.

79~81번

79 先 ↔ [　]　80 [　] ↔ 着
81 昨 ↔ [　]

06 다음 [　]에 들어갈 漢字를 |보기|에서 찾아 그 번호를 써서 漢字語를 만드세요. 82~85번

|보기|

① 各色　② 色感　③ 自在　④ 自才
⑤ 長短　⑥ 長生　⑦ 正直　⑧ 正音

82 不老 [　]　83 各人 [　]
84 訓民 [　]　85 自由 [　]

07 다음 漢字와 뜻이 같거나 비슷한 漢字를 |보기|에서 찾아 그 번호를 쓰세요. 86~88번

|보기|

① 林　② 村　③ 午　④ 花　⑤ 團　⑥ 性

86 心 = [　]　87 集 = [　]
88 樹 = [　]

08 다음 각 단어와 음은 같으나 뜻이 다른 단어를 주어진 뜻에 맞게 漢字로 쓰세요. 89~91번

89 大金 ─ [　] : 물건의 값으로 치르는 돈.

90 消化 ─ [　] : 불을 끔.
91 童心 ─ [　] : 마음을 같이 함.

09 다음 漢字語의 뜻을 쓰세요. 92~94번

92 首班 : [　]
93 種子 : [　]
94 雲漢 : [　]

10 다음 漢字의 略字(약자 : 획수를 줄인 漢字)를 쓰세요. 95~97번

95 戰 ─ [　]　96 藥 ─ [　]
97 圖 ─ [　]

11 다음 漢字의 색이 다른 획은 몇 번째 쓰는지 |보기|에서 찾아 그 번호를 쓰세요. 98~100번

|보기|

① 첫 번째　② 두 번째　③ 세 번째
④ 네 번째　⑤ 다섯 번째　⑥ 여섯 번째
⑦ 일곱 번째　⑧ 여덟 번째　⑨ 아홉 번째

98 市 ………… [　]

99 母 ………… [　]

100 風 ………… [　]

09회

한자능력검정시험 5급Ⅱ
예상문제

(사) 한국어문회 주관	
합격문항	70문항
시험시간	50분
정답	141쪽

01 다음 밑줄 친 漢字語의 讀音을 쓰세요.

01~35번

| 보기 |

讀音 → [독음]

01 그와 바둑으로 승부를 겨루면 **勝算**이 있다.

………………… [   ]

02 반드시 마스크를 **着用**하도록 하였다.

………………… [   ]

03 피부에 발생한 **惡性**종양을 제거하였다.

………………… [   ]

04 그는 여러 가지 **才能**을 고루 갖추었다.

………………… [   ]

05 작물의 **品種**을 개량하였다.

………………… [   ]

06 바둑 대회에서 고수와 **對局**하였다.

………………… [   ]

07 "친구야, 우리들의 **友情**을 변치 말자."

………………… [   ]

08 정치인들은 민심의 **動向**을 살폈다.

………………… [   ]

09 신탁통치를 **決死** 반대하였다.

………………… [   ]

10 시민**公園**이 새롭게 단장하였다.

………………… [   ]

11 바닷가에서 신선한 **生鮮**을 잡았다.

………………… [   ]

12 주민들의 **要望**에 따라 회관을 지었다.

………………… [   ]

13 여러 방안이 **實效**를 거두었다.

………………… [   ]

14 용감한 장군 밑에 **弱卒**은 없다.

………………… [   ]

15 선정된 **圖書**목록을 살펴보았다.

………………… [   ]

16 선열의 애족심에 **敬意**를 표하였다.

………………… [   ]

17 봄이 왔으나 날씨는 **變德**스러웠다.

………………… [   ]

18 남극**基地**를 건설하였다.

………………… [   ]

19 배는 **順風**을 타고 앞으로 나아갔다.

………………… [   ]

20 "이 나무의 **特質**은 무엇이냐?"

………………… [   ]

21 의사는 먼저 환자의 **病歷**을 확인하였다.

………………… [   ]

22 옛날에, 광대는 사회 **通念**상 천인으로 취급되었다. ………… [   ]

23 나는 매일 신문의 **社說**을 읽는다.

………………… [   ]

24 지방 수령은 온갖 **財物**을 긁어모았다.

………………… [   ]

25 유람선은 풍랑과 위험한 **海流**를 피해 운항하였다. ………… [   ]

26 그가 쏜 화살이 과녁에 **的中**하였다.

………………… [   ]

27 컴퓨터에는 많은 **記號**가 사용된다.

………………… [   ]

28 그들은 이미 **典例** 없는 희생을 치렀다.
    ······ [   ]

29 이번 사건으로 국력의 필요성을 **切感**하였다.
    ······ [   ]

30 사람들은 **廣野**에서 장막을 치고 살았다.
    ······ [   ]

31 공연장은 **觀客**들로 가득 찼다.
    ······ [   ]

32 서울 한강 **以北** 지역에 많은 비가 내렸다.
    ······ [   ]

33 집 뒤뜰에 몇 그루의 **果樹**를 심었다.
    ······ [   ]

34 북부 페르시아만 일대는 대표적인 **産油**지대
    이다. ······ [   ]

35 무작정 길을 나선 그는 **當場** 잠잘 곳도 없었다.
    ······ [   ]

02 다음 漢字의 訓훈과 音음을 쓰세요. 36~58번

| 보기 |
字 → [글자 자]

36 朗 [   ]   37 線 [   ]
38 歲 [   ]   39 關 [   ]
40 韓 [   ]   41 藥 [   ]
42 祖 [   ]   43 雪 [   ]
44 紙 [   ]   45 發 [   ]
46 功 [   ]   47 洞 [   ]
48 界 [   ]   49 消 [   ]
50 全 [   ]   51 飲 [   ]
52 黃 [   ]   53 雲 [   ]
54 直 [   ]   55 角 [   ]
56 兒 [   ]   57 勇 [   ]
58 表 [   ]

03 다음 밑줄 친 낱말을 漢字로 쓰세요. 59~73번

| 보기 |
한자 → [漢字]

59 투표 **대신** 손을 들어 찬성하였다.
    ······ [   ]

60 농사철이 되면 **농부**들의 손이 바빠진다.
    ······ [   ]

61 낮에 **간식**으로 옥수수를 먹었다.
    ······ [   ]

62 그 지역은 기계 금속 **공업**이 발달하였다.
    ······ [   ]

63 문제집에는 **정답**과 해설이 있습니다.
    ······ [   ]

64 연어는 알을 낳기 위해 **모천**으로 돌아오는
    습성이 있다. ······ [   ]

65 군인들이 **군가**를 부르며 걸어갔다.
    ······ [   ]

66 논술 공부에 **신문** 사설을 참고하였다.
    ······ [   ]

67 그들의 논의는 **주제**에서 많이 벗어나 있었다.
    ······ [   ]

68 동생은 자신의 잘못을 **반성**하였다.
    ······ [   ]

69 정전으로 주민들이 **불편**을 겪었다.
    ······ [   ]

70 "도시락은 **각자** 준비하세요."
    ······ [   ]

71 그 소식은 **외신**으로 보도되었다.
    ······ [   ]

72 **창문**으로 따스한 햇볕이 비쳤다.
    ······ [   ]

73 누나는 **수화**를 배우고 싶어 한다.
    ······ [   ]

04 다음 訓훈과 音음에 알맞은 漢字를 쓰세요.

74~78번

|보기|

글자 자 → [字]

74 성 성 [   ] 75 낯 면 [   ]
76 나눌 반 [   ] 77 바 소 [   ]
78 옮길 운 [   ]

05 다음 漢字와 뜻이 상대 또는 반대되는 漢字를 쓰세요.

79~81번

79 苦 ↔ [   ] 80 [   ] ↔ 童
81 [   ] ↔ 體

06 다음 [   ]에 들어갈 漢字를 |보기|에서 찾아 그 번호를 써서 漢字語를 만드세요. 82~85번

|보기|

① 休戰　② 水戰　③ 相長　④ 成長
⑤ 三日　⑥ 三事　⑦ 有言　⑧ 二言

82 教 學 [   ] 83 作 心 [   ]
84 山 戰 [   ] 85 一 口 [   ]

07 다음 漢字와 뜻이 같거나 비슷한 漢字를 |보기|에서 찾아 그 번호를 쓰세요. 86~88번

|보기|

① 短　② 洋　③ 道　④ 材　⑤ 和　⑥ 遠

86 調 = [   ] 87 永 = [   ]
88 海 = [   ]

08 다음 각 단어와 음은 같으나 뜻이 다른 단어를 주어진 뜻에 맞게 漢字로 쓰세요. 89~91번

89 開市 － [   ] : 행동이나 일을
시작함.

90 冬時 － [   ] : 같은 때.
91 明命 － [   ] : 사람이나 사물에
이름을 지어 붙임.

09 다음 漢字語의 뜻을 쓰세요. 92~94번

92 節電 : [   ]
93 獨白 : [   ]
94 重責 : [   ]

10 다음 漢字의 略字(약자 : 획수를 줄인 漢字)를 쓰세요.

95~97번

95 氣 － [   ] 96 來 － [   ]
97 會 － [   ]

11 다음 漢字의 색이 다른 획은 몇 번째 쓰는지 |보기|에서 찾아 그 번호를 쓰세요. 98~100번

|보기|

① 첫 번째　② 두 번째　③ 세 번째
④ 네 번째　⑤ 다섯 번째　⑥ 여섯 번째
⑦ 일곱 번째　⑧ 여덟 번째　⑨ 아홉 번째

98 西 ············· [   ]

99 服 ············· [   ]

100 級 ············· [   ]

01 다음 밑줄 친 漢字語의 讀音을 쓰세요.

01~35번

| 보기 |

讀音 → [독음]

01 그는 情感 어린 목소리로 말을 건넸다.

.... [   ]

02 어려서부터 주인을 信服하였다.

.... [   ]

03 속도위반 團束이 강화되었다.

.... [   ]

04 옷차림이 무척 洗練되게 느껴졌다.

.... [   ]

05 인천공항은 세계로 통하는 關門이다.

.... [   ]

06 자식의 도리를 다하려고 出仕를 사양하였다.

.... [   ]

07 학생들이 운동장에 集結하였다.

.... [   ]

08 그는 高遠한 이상을 품고 있었다.

.... [   ]

09 회장 후임으로 몇 명이 物望에 올랐다.

.... [   ]

10 명절이라 客車 안은 무척 붐볐다.

.... [   ]

11 경쟁력을 위해서는 기술의 첨단화가 切實하다. .... [   ]

12 전학을 가는 친구와 作別 인사를 했다.

.... [   ]

13 한 해 활동을 決算하여 보고하였다.

.... [   ]

14 소나기가 한여름 무더위의 氣勝을 누그러뜨렸다. .... [   ]

15 출입자의 身元을 일일이 확인하였다.

.... [   ]

16 우리의 건국理念은 홍익인간이다.

.... [   ]

17 입학을 기념해 뒷산에 植樹하였다.

.... [   ]

18 피톤치드는 산림욕 效用의 근원이다.

.... [   ]

19 서로 다른 角度에서 보고 있다.

.... [   ]

20 장학사들이 수업을 參觀하였다.

.... [   ]

21 삼촌은 獨學으로 사법고시에 합격하였다.

.... [   ]

22 식품을 살 때는 꼭 流通기한을 확인해야 한다.

.... [   ]

23 독서를 통하여 많은 敎訓을 얻는다.

.... [   ]

24 기차는 線路를 쏜살같이 달렸다.

.... [   ]

25 심청이는 孝行이 지극하였다.

.... [   ]

26 현대 언어생활에서는 話法이 중시되고 있다.

.... [   ]

27 태권도의 基本자세를 익혔다.

.... [   ]

28 병사들은 **必死**의 각오로 싸웠다.
····· [   ]

29 품질에 따라 세 가지 **等級**으로 구분하였다.
····· [   ]

30 옷감의 **品質**이 뛰어나다.
····· [   ]

31 "그동안 **宅內** 두루 편안하셨습니까?"
····· [   ]

32 그는 과학 **發展**에 힘을 기울였다.
····· [   ]

33 빠르게 변화하는 사회에 **能動**적으로 대처하는 힘을 길러야 한다. ·· [   ]

34 그는 상급자에게 혼나고 **卒者**들한테 화풀이를 하였다. ········ [   ]

35 순수 체조는 율동적이며 **美的** 기능을 중요하게 다룬다. ········ [   ]

02 다음 漢字의 訓훈과 音음을 쓰세요. 36~58번

| 보기 |
字 → [글자 자]

36 登 [   ] 37 局 [   ]
38 充 [   ] 39 要 [   ]
40 宿 [   ] 41 番 [   ]
42 急 [   ] 43 變 [   ]
44 陸 [   ] 45 銀 [   ]
46 園 [   ] 47 英 [   ]
48 說 [   ] 49 當 [   ]
50 川 [   ] 51 筆 [   ]
52 調 [   ] 53 禮 [   ]
54 偉 [   ] 55 米 [   ]
56 邑 [   ] 57 順 [   ]
58 形 [   ]

03 다음 밑줄 친 낱말을 漢字로 쓰세요. 59~73번

| 보기 |
한자 → [漢字]

59 상추의 **성장**을 관찰하였다.
····· [   ]

60 박람회에 많은 **회사**들이 참여하였다.
····· [   ]

61 내일은 **오후** 수업이 없다.
····· [   ]

62 '도솔가'는 신라의 **가악**이다.
····· [   ]

63 그의 주장에 대하여 **반기**를 들었다.
····· [   ]

64 내 친구는 어릴 때부터 **삼촌**과 함께 살았다.
····· [   ]

65 시골 **서당**의 모습을 그대로 재현하였다.
····· [   ]

66 사람은 자신의 **분수**에 맞게 살아야 한다.
····· [   ]

67 녹용은 **명약**으로 알려져 있다.
····· [   ]

68 신문에서 관리들의 **부정**을 비판하였다.
····· [   ]

69 무궁화는 우리나라 **각지**에서 자란다.
····· [   ]

70 그곳은 가을 **풍광**이 특히 아름답다.
····· [   ]

71 형은 **내년**에 중학교에 입학한다.
····· [   ]

72 그는 근대**문명**을 받아들이는 데에 앞장섰다.
····· [   ]

73 새로 쏘아 올린 **인공**위성은 우주에서 지구 표면의 상태를 관측한다. ·· [   ]

04 다음 訓훈과 音음에 알맞은 漢字를 쓰세요.
74~78번

| 보기 |

글자 자 → [字]

74 짧을 단 [   ] 75 다행 행 [   ]
76 곧을 직 [   ] 77 번개 전 [   ]
78 부을 주 [   ]

05 다음 漢字와 뜻이 상대 또는 반대되는 漢字를 쓰세요.
79~81번

79 和 ↔ [   ] 80 [   ] ↔ 海
81 [   ] ↔ 答

06 다음 [   ]에 들어갈 漢字를 |보기|에서 찾아 그 번호를 써서 漢字語를 만드세요. 82~85번

| 보기 |

① 同樂 ② 同心 ③ 水木 ④ 水産
⑤ 知十 ⑥ 知天 ⑦ 萬大 ⑧ 萬代

82 農林 [   ] 83 同苦 [   ]
84 聞一 [   ] 85 子孫 [   ]

07 다음 漢字와 뜻이 같거나 비슷한 漢字를 |보기|에서 찾아 그 번호를 쓰세요.
86~88번

| 보기 |

①事 ②任 ③童 ④野 ⑤育 ⑥生

86 兒 = [   ] 87 養 = [   ]
88 責 = [   ]

08 다음 각 단어와 음은 같으나 뜻이 다른 단어를 주어진 뜻에 맞게 漢字로 쓰세요. 89~91번

89 自性 - [   ] : 스스로 반성함.

90 白放 - [   ] : 여러 방면. 온갖 방법.
91 前夫 - [   ] : 모두 다. 모조리.

09 다음 漢字語의 뜻을 쓰세요. 92~94번

92 口傳 : [   ]
93 勞使 : [   ]
94 意圖 : [   ]

10 다음 漢字의 略字(약자 : 획수를 줄인 漢字)를 쓰세요.
95~97번

95 對 - [   ] 96 國 - [   ]
97 體 - [   ]

11 다음 漢字의 색이 다른 획은 몇 번째 쓰는지 |보기|에서 찾아 그 번호를 쓰세요. 98~100번

| 보기 |

① 첫 번째   ② 두 번째   ③ 세 번째
④ 네 번째   ⑤ 다섯 번째 ⑥ 여섯 번째
⑦ 일곱 번째 ⑧ 여덟 번째 ⑨ 아홉 번째

98 術 ·········· [   ]

99 安 ·········· [   ]

100 臣 ·········· [   ]

11회

한자능력검정시험 5급Ⅱ
예상문제

(사) 한국어문회 주관

합격문항	70문항
시험시간	50분
정 답	144쪽

01 다음 밑줄 친 漢字語의 讀音을 쓰세요.

01~35번

| 보기 |

讀音 → [독음]

01 계통에 따라 동물을 **分類**하였다.
.... [   ]

02 방학 동안에 **古典**문학을 읽었다.
.... [   ]

03 그는 **今番**에도 수익금을 기탁하였다.
.... [   ]

04 그의 권리가 **失效**되었다.
.... [   ]

05 비만은 건강에 **害惡**을 끼친다.
.... [   ]

06 "**敬愛**하는 신사 숙녀 여러분"
.... [   ]

07 명절을 맞아 상품을 **特價** 판매하였다.
.... [   ]

08 담임선생님께서 **出席**을 부르셨다.
.... [   ]

09 그곳은 지각 **變動**과 화산 작용이 활발하였다.
.... [   ]

10 직장 주변에 **育兒**시설이 늘고 있다.
.... [   ]

11 수술이 끝나고 **病室**로 옮겨졌다.
.... [   ]

12 하얀 천을 오렌지 빛으로 **着色**하였다.
.... [   ]

13 이장은 마을 일에 **勞苦**를 아끼지 않았다.
.... [   ]

14 소영이는 매우 **明朗**한 성격을 지녔다.
.... [   ]

15 궂은일은 모두 **新參**에게 맡겼다.
.... [   ]

16 우리 선수단은 이번 대회에서 **必勝**의 결의를 다졌다. .... [   ]

17 그들에게는 게으른 **根性**이 남아있다.
.... [   ]

18 개항 **以後**, 새로운 문물이 물밀듯 들어왔다.
.... [   ]

19 할아버지께서는 평생 모은 재산을 장학**財團**에 기부하였다. .... [   ]

20 사회자는 **式順**에 따라 진행하였다.
.... [   ]

21 환영인파가 **廣場**을 가득 메웠다.
.... [   ]

22 전쟁터에서 **不具**의 몸이 되었다.
.... [   ]

23 그 노래 가사는 물질 **萬能** 시대를 꼬집어 비판하였다. .... [   ]

24 이순신 장군의 **偉功**을 기렸다.
.... [   ]

25 그의 이론은 실제에 **合當**하지 않았다.
.... [   ]

26 고려의 된장은 미소라는 일본 된장의 **元祖**이다. .... [   ]

27 산에 오르기 전에 구급**藥品**을 준비했다.
.... [   ]

28 나는 **觀相**이 좋다는 말을 자주 듣는다.

……………… [　　　]

29 누나는 학교 앞에서 **下宿**을 하였다.

……………… [　　　]

30 상처 난 곳을 **切開**하여 치료하였다.

……………… [　　　]

31 두 고을의 **郡界**를 넘어 도로를 건설하였다.

……………… [　　　]

32 쏟아지는 비에도 불구하고 **雨衣**를 입고 길을 나섰다. ………… [　　　]

33 병사들을 **要所**에 배치하고 적의 동태를 살폈다. ……………… [　　　]

34 백성들이 거리로 나와 새로 **到任**한 수령을 맞았다. ……………… [　　　]

35 여러 분수를 통분하여 얻은 분모를 '**共通**분모'라고 한다. ………… [　　　]

02 다음 漢字의 訓훈과 音음을 쓰세요. 36~58번

|보기|

字 → [글자 자]

36 神 [　　　] **37** 德 [　　　]

38 友 [　　　] **39** 窓 [　　　]

40 週 [　　　] **41** 士 [　　　]

42 奉 [　　　] **43** 油 [　　　]

44 紙 [　　　] **45** 昨 [　　　]

46 社 [　　　] **47** 每 [　　　]

48 勇 [　　　] **49** 級 [　　　]

50 鮮 [　　　] **51** 邑 [　　　]

52 休 [　　　] **53** 養 [　　　]

54 待 [　　　] **55** 章 [　　　]

56 班 [　　　] **57** 理 [　　　]

58 朝 [　　　]

03 다음 밑줄 친 낱말을 漢字로 쓰세요. 59~73번

|보기|

한자 → [漢字]

59 세계**지도**에서 우리나라를 찾아보았다.

……………… [　　　]

60 평행이 아닌 두 **직선**은 만나게 마련이다.

……………… [　　　]

61 대답을 **자신** 있게 하였다.

……………… [　　　]

62 물고기를 **방생**하였다. ‥

63 언론 기관에 **공정**한 보도를 요청했다.

……………… [　　　]

64 환자의 골절 부위를 **수술**했다.

……………… [　　　]

65 내가 노래를 부르면 꽃이 **화답**할 것만 같았다.

……………… [　　　]

66 수재민의 피해 규모를 **집계**하였다.

……………… [　　　]

67 교통이 혼잡하여 대중교통을 **이용**하였다.

……………… [　　　]

68 민의를 **대표**하는 국회의원을 선출하였다.

……………… [　　　]

69 그는 **기구**를 타고 세계여행을 하였다.

……………… [　　　]

70 그들이 곧 돌아갈 것이라는 **풍문**이 떠돌았다.

……………… [　　　]

71 매일 부모님께 **문안**을 올린다.

……………… [　　　]

72 원하는 것을 다 사줄 **형편**이 못 되었다.

……………… [　　　]

73 할아버지께서는 나무 그늘에서 장기 두는 것으로 **소일**했다. ………… [　　　]

04 다음 訓훈과 音음에 알맞은 漢字를 쓰세요.

74~78번

|보기|

글자 자 → [字]

74 모일 회 [　　　] 　75 물건 물 [　　　]
76 골 동 [　　　] 　77 셈 산 [　　　]
78 살 활 [　　　]

05 다음 漢字와 뜻이 상대 또는 반대되는 漢字를 쓰세요.

79~81번

79 春 ↔ [　　　] 　80 [　　　] ↔ 習
81 陸 ↔ [　　　]

06 다음 [　　]에 들어갈 漢字를 |보기|에서 찾아 그 번호를 써서 漢字語를 만드세요. 82~85번

|보기|

① 在天　② 在心　③ 三年　④ 三間
⑤ 反對　⑥ 半前　⑦ 全體　⑧ 一體

82 主客 [　　　] 　83 人命 [　　　]
84 決死 [　　　] 　85 草家 [　　　]

07 다음 漢字와 뜻이 같거나 비슷한 漢字를 |보기|에서 찾아 그 번호를 쓰세요. 86~88번

|보기|

① 長　② 夫　③ 意　④ 幸　⑤ 識　⑥ 實

86 果 = [　　　] 　87 知 = [　　　]
88 情 = [　　　]

08 다음 각 단어와 음은 같으나 뜻이 다른 단어를 주어진 뜻에 맞게 漢字로 쓰세요. 89~91번

89 外植 - [　　　] : 밖에서 음식을 사 먹음.

90 部族 - [　　　] : 넉넉하지 않음.
91 同化 - [　　　] : 어린이에게 들려 주기 위하여 지은 이야기.

09 다음 漢字語의 뜻을 쓰세요. 92~94번

92 雪戰 : [　　　]
93 獨白 : [　　　]
94 多重 : [　　　]

10 다음 漢字의 略字(약자 : 획수를 줄인 漢字)를 쓰세요.

95~97번

95 讀 - [　　　] 　96 發 - [　　　]
97 數 - [　　　]

11 다음 漢字의 색이 다른 획은 몇 번째 쓰는지 |보기|에서 찾아 그 번호를 쓰세요. 98~100번

|보기|

① 첫 번째　② 두 번째　③ 세 번째
④ 네 번째　⑤ 다섯 번째　⑥ 여섯 번째
⑦ 일곱 번째　⑧ 여덟 번째　⑨ 아홉 번째

98 父 ············ [　　　]

99 光 ············ [　　　]

100 陽 ············ [　　　]

12회
한자능력검정시험 5급Ⅱ
예상문제

(사) 한국어문회 주관

합격문항	70문항
시험시간	50분
정 답	145쪽

01 다음 밑줄 친 漢字語의 讀音을 쓰세요.

01~35번

|보기|

讀音 → [독음]

01 대대적인 국민운동을 **展開**하였다.

.... [   ]

02 서류를 확인한 후에 **圖章**을 찍었다.

.... [   ]

03 대륙과 **海洋**의 문화가 조화를 이루었다.

.... [   ]

04 정부는 국군의 해외 **參戰**을 결정했다.

.... [   ]

05 전쟁으로 많은 **兵卒**과 장수가 죽었다.

.... [   ]

06 예치한 **元金**에 이자가 많이 붙었다.

.... [   ]

07 그의 얼굴은 창백하고 **病弱**해 보였다.

.... [   ]

08 옆집 할머니의 편지를 **代筆**해 드렸다.

.... [   ]

09 오랜 **旅路**에 지쳐 정신없이 곯아떨어졌다.

.... [   ]

10 "어떤 결정을 내리든 **相關**하지 않겠다."

.... [   ]

11 외갓집에 가려고 **特急**열차를 탔다.

.... [   ]

12 시에서 광상 **使用**을 허가하지 않았다.

.... [   ]

13 그는 어려서부터 **美術** 감각이 뛰어났다.

.... [   ]

14 아무리 늦어도 **今週** 안에 마쳐야 한다.

.... [   ]

15 국민에게 존경받는 **偉大**한 지도자를 원했다.

.... [   ]

16 그는 **品行**이 방정하고 성적이 우수하였다.

.... [   ]

17 서류상의 **要式**을 갖추어 제출했다.

.... [   ]

18 해마다 **在京** 동문회를 개최한다.

.... [   ]

19 그는 자신의 능력을 **過信**하였다.

.... [   ]

20 전국의 **氣溫**이 영하로 내려갔다.

.... [   ]

21 요즘, 가원이는 위인**傳記**에 푹 빠졌다.

.... [   ]

22 후손들이 모여 조상의 **德業**을 기렸다.

.... [   ]

23 그는 **一切**의 책임을 지고 물러났다.

.... [   ]

24 이 일에는 말보다 구체적인 **計畫**이 필요하다.

.... [   ]

25 무분별한 벌목으로 **林野**가 크게 훼손되었다.

.... [   ]

26 그는 **性質**이 까다롭고 괴팍하였다.

.... [   ]

27 사람에 따라 느끼는 **感情**이 다를 수 있다.

.... [   ]

28 성실한 그에게 **重責**을 맡겼다.
　................................ [　　　]

29 눈으로는 쉽게 **區別**할 수가 없었다.
　................................ [　　　]

30 여러 의견을 **集約**하여 결정하였다.
　................................ [　　　]

31 "아직 도착하지 않으니, **必然** 무슨 일이 생긴 것이 분명해." ...... [　　　]

32 오랫동안 사귀어 온 **知己**들이 한자리에 모였다. .... [　　　]

33 두 사람은 오랜 친구처럼 **任意**로운 표현을 주고받았다. .... [　　　]

34 "제 귀로 듣고 제 눈으로 보고 왔다니까 소식이야 **的實**하겠지." ..... [　　　]

35 먼 경치를 **望遠** 렌즈를 사용하여 사진을 찍었다. .... [　　　]

02 다음 漢字의 訓훈과 音음을 쓰세요. 36~58번

| 보기 |
字 → [글자 자]

36 根 [　　　]　37 醫 [　　　]
38 團 [　　　]　39 鮮 [　　　]
40 舊 [　　　]　41 利 [　　　]
42 始 [　　　]　43 聞 [　　　]
44 廣 [　　　]　45 朗 [　　　]
46 種 [　　　]　47 商 [　　　]
48 能 [　　　]　49 各 [　　　]
50 直 [　　　]　51 飮 [　　　]
52 太 [　　　]　53 英 [　　　]
54 窓 [　　　]　55 庭 [　　　]
56 獨 [　　　]　57 失 [　　　]
58 銀 [　　　]

03 다음 밑줄 친 낱말을 漢字로 쓰세요. 59~73번

| 보기 |
한자 → [漢字]

59 봉사활동이 큰 **성과**를 거두었다.
　................................ [　　　]

60 설레는 마음으로 약속 **장소**에 나갔다.
　................................ [　　　]

61 궂은 날씨 때문에 **출발**이 늦어졌다.
　................................ [　　　]

62 그곳은 물이 귀하고 양식이 **부족**했다.
　................................ [　　　]

63 양지바른 **명당**에 터를 잡았다.
　................................ [　　　]

64 생일 선물로 **전자**시계를 받았다.
　................................ [　　　]

65 건물 입구에 있는 빨간 **풍차**를 예쁘게 장식하였다. .... [　　　]

66 설명을 듣고 나서야 **물리**가 트였다.
　................................ [　　　]

67 두 **남녀**는 다정해 보였다.
　................................ [　　　]

68 복지**사회** 건설을 위해 노력하였다.
　................................ [　　　]

69 기계가 전혀 **작동**하지 않았다.
　................................ [　　　]

70 우리가 승리할 **공산**이 크다.
　................................ [　　　]

71 남북 적십자 대표가 이산가족 **문제**를 놓고 회담하였다. .... [　　　]

72 그녀가 어머니 **면전**에서 말대답하는 일은 거의 없었다. .... [　　　]

73 선생님은 자원해서 낙도에 있는 **분교**로 가셨다.
　................................ [　　　]

04 다음 訓훈과 흠음에 알맞은 漢字를 쓰세요.
74~78번

|보기|

글자 자 → [字]

74 효도 효 [　　] 　75 겉　표 [　　]
76 나눌 반 [　　] 　77 빌　공 [　　]
78 종이 지 [　　]

05 다음 漢字와 뜻이 상대 또는 반대되는 漢字를 쓰세요.
79~81번

79 中 ↔ [　　] 　80 [　　] ↔ 下
81 [　　] ↔ 客

06 다음 [　]에 들어갈 漢字를 |보기|에서 찾아 그 번호를 써서 漢字語를 만드세요. 82~85번

|보기|

① 苦少　② 苦口　③ 平土　④ 流水
⑤ 球心　⑥ 八九　⑦ 工敎　⑧ 工學

82 高山 [　　] 　83 生命 [　　]
84 十中 [　　] 　85 良藥 [　　]

07 다음 漢字와 뜻이 같거나 비슷한 漢字를 |보기|에서 찾아 그 번호를 쓰세요. 86~88번

|보기|

①類 ②服 ③右 ④線 ⑤淸 ⑥化

86 變 = [　　] 　87 衣 = [　　]
88 等 = [　　]

08 다음 각 단어와 음은 같으나 뜻이 다른 단어를 주어진 뜻에 맞게 漢字로 쓰세요. 89~91번

89 雲水 - [　　] : 하늘이 정한 운명.

90 四角 - [　　] : 보이지 않는 범위.
91 話調 - [　　] : 꽃피는 아침. 음력 2월 보름.

09 다음 漢字語의 뜻을 쓰세요. 92~94번

92 勝地 : [　　]
93 放言 : [　　]
94 身長 : [　　]

10 다음 漢字의 略字(약자 : 획수를 줄인 漢字)를 쓰세요.
95~97번

95 體 - [　　] 　96 對 - [　　]
97 萬 - [　　]

11 다음 漢字의 색이 다른 획은 몇 번째 쓰는지 |보기|에서 찾아 그 번호를 쓰세요. 98~100번

|보기|

① 첫 번째　② 두 번째　③ 세 번째
④ 네 번째　⑤ 다섯 번째　⑥ 여섯 번째
⑦ 일곱 번째　⑧ 여덟 번째　⑨ 아홉 번째

98 惡 ………… [　　]

99 食 ………… [　　]

100 國 ………… [　　]

13회

한자능력검정시험 5급II 예상문제

(사) 한국어문회 주관	
합격문항	70문항
시험시간	50분
정 답	147쪽

01 다음 밑줄 친 漢字語의 讀音을 쓰세요.

01~35번

| 보기 |

讀音 → [독음]

01 옳고 그름을 **客觀**적으로 판단해야 한다.
.... [   ]

02 다시는 그러지 않기로 **萬番**이나 다짐했다.
.... [   ]

03 이 세상에는 많은 **種類**의 직업이 있다.
.... [   ]

04 유도 시합에서 우리 선수가 먼저 **有效**를 얻었다. .... [   ]

05 우리의 **後孫**들에게 무엇을 물려줄 것인가?
.... [   ]

06 취학 **兒童**들이 해마다 줄고 있다.
.... [   ]

07 중국에서 **使臣**을 보내왔다.
.... [   ]

08 맛있다고 **過食**한 탓에 배탈이 났다.
.... [   ]

09 그들은 **待望**의 우승컵을 들어올렸다.
.... [   ]

10 일이 **順調**롭게 진행되었다.
.... [   ]

11 어린 물고기를 강 하류에 **放流**하였다.
.... [   ]

12 근로자의 지위 향상을 위해 조합을 **結成**하였다. .... [   ]

13 경은이는 우리 반을 대표하여 회의에 **參席**했다. .... [   ]

14 방과 후에 **課外** 학습을 받는다.
.... [   ]

15 한 악곡의 마지막에 붙는 **樂章**을 '피날레'라고 한다. .... [   ]

16 인구가 늘고 **産業**이 발달하였다.
.... [   ]

17 건강은 사람들의 큰 **關心**거리이다.
.... [   ]

18 정서교육은 아이들의 올바른 **品性**을 길러준다. .... [   ]

19 여행을 떠나기 전에 **洗面**도구를 챙겼다.
.... [   ]

20 신문명을 소개하는 글은 **識者**들의 관심을 모았다. .... [   ]

21 아직도 **郡內**에는 병원이 없었다.
.... [   ]

22 이상 기온으로 **局地**성 폭우가 잦다.
.... [   ]

23 실내의 냉방 온도를 높여 **節電**해야 한다.
.... [   ]

24 유통기한이 지난 우유가 **變質**되었다.
.... [   ]

25 병사들은 **先任**하사의 지시를 따랐다.
.... [   ]

26 우리 회사는 학력에 상관없이 **才德**을 겸비한 인재를 뽑을 것이다. … [   ]

27 부족한 돈을 성금으로 **充當**하였다.
.... [   ]

28 열차가 정각에 **到着**하였다.
　　………………………… [　　　]

29 그는 학교에 결석한 **事由**를 선생님께 말씀
드렸다. ………………… [　　　]

30 외신 기자들이 북한의 **實相**을 보도하였다.
　　………………………… [　　　]

31 시계추는 **等速**으로 운동한다.
　　………………………… [　　　]

32 풍랑이 거세면 **陸路**를 이용하기로 하였다.
　　………………………… [　　　]

33 언어는 사람의 생각과 **感情**을 표현하는 도
구이다. ………………… [　　　]

34 수달과 침팬지는 도구를 사용하는 **知能**을
지니고 있다. ………… [　　　]

35 바다새는 섬이나 연안에 모여 **集團** 번식을
한다. …………………… [　　　]

02 다음 漢字의 訓훈과 音음을 쓰세요. 36~58번

| 보기 |
字 → [글자 자]

36 植 [　　　]　　**37** 英 [　　　]
38 庭 [　　　]　　**39** 友 [　　　]
40 綠 [　　　]　　**41** 弱 [　　　]
42 勇 [　　　]　　**43** 商 [　　　]
44 奉 [　　　]　　**45** 畫 [　　　]
46 近 [　　　]　　**47** 歲 [　　　]
48 部 [　　　]　　**49** 第 [　　　]
50 筆 [　　　]　　**51** 害 [　　　]
52 村 [　　　]　　**53** 半 [　　　]
54 美 [　　　]　　**55** 廣 [　　　]
56 油 [　　　]　　**57** 勞 [　　　]
58 短 [　　　]

03 다음 밑줄 친 낱말을 漢字로 쓰세요. 59~73번

| 보기 |
한자 → [漢字]

59 전학을 간 친구와 **서신**을 주고받았다.
　　………………………… [　　　]

60 식사량을 조절하여 **체중**을 줄였다.
　　………………………… [　　　]

61 그는 건실한 **청년**이었다.
　　………………………… [　　　]

62 모든 비난을 받아들일 **용의**가 있다.
　　………………………… [　　　]

63 산에서 **약초**를 재배하였다.
　　………………………… [　　　]

64 그는 **청풍**명월을 벗 삼아 살았다.
　　………………………… [　　　]

65 그는 장사 수완이 좋아 많은 **이문**을 남겼다.
　　………………………… [　　　]

66 두 사람은 한참 동안 **대화**를 나누었다.
　　………………………… [　　　]

67 어려운 **주제**를 무리 없이 소화해 냈다.
　　………………………… [　　　]

68 그는 나라를 위해 **신명**을 아끼지 않았다.
　　………………………… [　　　]

69 그가 **과연** 그 일을 잘 해낼지 모르겠다.
　　………………………… [　　　]

70 손대는 일마다 **운수**가 대통이다.
　　………………………… [　　　]

71 유리창들이 태양빛에 반사되어 갈색의 **광선**
을 반사하였다. ……… [　　　]

72 이해되지 않은 채 **주입**된 지식은 오래가지
못한다. ………………… [　　　]

73 무덥던 날씨는 갑자기 소나기를 뿌리기 **시작**
했다. …………………… [　　　]

04 다음 訓훈과 音음에 알맞은 漢字를 쓰세요.
74~78번

| 보기 |

글자 자 → [字]

74 기를 육 [   ] 75 종이 지 [   ]
76 귀신 신 [   ] 77 재주 술 [   ]
78 온전 전 [   ]

05 다음 漢字와 뜻이 상대 또는 반대되는 漢字를 쓰세요.
79~81번

79 古 ↔ [   ] 80 [   ] ↔ 冬
81 南 ↔ [   ]

06 다음 [   ]에 들어갈 漢字를 |보기|에서 찾아 그 번호를 써서 漢字語를 만드세요. 82~85번

| 보기 |

① 同物   ② 動物   ③ 民族   ④ 百姓
⑤ 正大   ⑥ 正通   ⑦ 水木   ⑧ 水長

82 公明 [   ] 83 山高 [   ]
84 野生 [   ] 85 白衣 [   ]

07 다음 漢字와 뜻이 같거나 비슷한 漢字를 |보기|에서 찾아 그 번호를 쓰세요. 86~88번

| 보기 |

① 習 ② 失 ③ 別 ④ 遠 ⑤ 省 ⑥ 算

86 計 = [   ] 87 區 = [   ]
88 練 = [   ]

08 다음 각 단어와 음은 같으나 뜻이 다른 단어를 주어진 뜻에 맞게 漢字로 쓰세요. 89~91번

89 金石 -[   ] : 오늘 저녁.

90 道兄 -[   ] : 그림의 모양이나 형태.
91 空力 -[   ] : 애써 들인 정성과 힘.

09 다음 漢字語의 뜻을 쓰세요. 92~94번

92 惡漢 : [   ]
93 的中 : [   ]
94 在來 : [   ]

10 다음 漢字의 略字(약자 : 획수를 줄인 漢字)를 쓰세요. 95~97번

95 會 -[   ] 96 戰 -[   ]
97 氣 -[   ]

11 다음 漢字의 색이 다른 획은 몇 번째 쓰는지 |보기|에서 찾아 그 번호를 쓰세요. 98~100번

| 보기 |

① 첫 번째   ② 두 번째   ③ 세 번째
④ 네 번째   ⑤ 다섯 번째   ⑥ 여섯 번째
⑦ 일곱 번째   ⑧ 여덟 번째   ⑨ 아홉 번째

98 弟 ············ [   ]

99 勝 ············ [   ]

100 雪 ············ [   ]

01 다음 밑줄 친 漢字語의 讀音을 쓰세요.

01~35번

| 보기 |

漢字 → [한자]

경제 행위란 재화와 서비스를 **生産**⁰¹하여 소비하는 과정에서 일어나는 모든 **活動**⁰²을 말한다.

01 [   ] **02** [   ]

가원이는 **放課**⁰³후 **奉仕**⁰⁴를 통해 보람을 체험하고 있다.

03 [   ] **04** [   ]

우리 학교에서는 전통 **禮節**⁰⁵과 충효 **敎育**⁰⁶으로 **人性**⁰⁷을 기르고 있다.

05 [   ] **06** [   ]
07 [   ]

건축양식은 부드러운 **曲線**⁰⁸과 어울려 멋진 **調和**⁰⁹를 이루고 있다.

08 [   ] **09** [   ]

10 싱그러운 **草綠**의 나뭇잎.

.... [   ]

11 태양계의 행성 중에서 **地球**에만 유일하게 물이 있다. .... [   ]

12 풍년을 기원하기 위해 **每年** 봄에 축제를 연다.

.... [   ]

13 오랜 연구 끝에 전염병 백신을 만드는데 **成功**했다. .... [   ]

14 영화 속 이동 수단이 **現實**로 다가왔다.

.... [   ]

15 낮은 가격으로 **良質**의 제품을 선보여 성공을 거두었다. .... [   ]

16 물질이 연소하는 데는 산소가 **必要**하다.

.... [   ]

17 무궁화는 우리 **民族**을 상징한다.

.... [   ]

18 그 영화의 관객 수는 **來歷** 최고 수준이었다.

.... [   ]

19 그는 어려서부터 학문을 좋아하고 **孝友**하는 정성이 지극하였다. .... [   ]

20 할아버지는 세상에서 가장 아름다운 **孫女**를 품에 안았다. .... [   ]

21 "어찌 그리도 세상 **物情**을 모르시오."

.... [   ]

22 책상 위에 **書類**들이 어지럽게 널려있다.

.... [   ]

23 산의 절반 **以上**을 넘어서니 시야가 트이고 경사도 완만해졌다. ···· [   ]

24 그는 **對話**를 부드럽게 이끌었다.
················· [   ]

25 다문화 **家庭**에 대한 편견을 버려야 한다.
················· [   ]

26 그의 우아하고 **品格** 있는 글씨에 모두 탄성을 질렀다. ··········· [   ]

27 입학시험을 무사히 **通過**하였다.
················· [   ]

28 "저렇게 많은 사람들이 줄을 선 데에는 **理由**가 있을거야!" ·········· [   ]

29 움직이는 화석을 통해 **大陸**이 이동한다는 사실을 알 수 있다. ··· [   ]

30 국왕은 국민의 **信望**을 얻고 있었다.
················· [   ]

31 장마 기간 동안 채소밭이 **流失**되어 농가의 피해가 컸다. ·········· [   ]

32 진찰을 받은 후에 **藥局**에 처방전을 내고 순서를 기다렸다. ········· [   ]

33 광고문은 선전의 **效果**를 올리는 데 목적이 있다. ················ [   ]

34 내 친구 민지는 처음 **圖畫**를 배울 때부터 새 그리기를 좋아했다. ··· [   ]

35 섬과 배 사이를 실제보다 가까운 것으로 잘못 **計算**하였다. ········· [   ]

---

02 다음 漢字의 訓훈과 音음을 쓰세요. 36~58번

| 보기 |

力 → [힘   력]

36 美 [   ]   37 章 [   ]

38 産 [   ]   39 展 [   ]

40 野 [   ]   41 洗 [   ]

42 識 [   ]   43 着 [   ]

44 電 [   ]   45 到 [   ]

46 冬 [   ]   47 筆 [   ]

48 短 [   ]   49 約 [   ]

50 窓 [   ]   51 商 [   ]

52 偉 [   ]   53 號 [   ]

54 農 [   ]   55 太 [   ]

56 束 [   ]   57 聞 [   ]

58 溫 [   ]

---

03 다음 밑줄 친 단어를 漢字로 쓰세요.
59~73번

59 그는 몸의 **중심**을 잃고 쓰러지고 말았다.
················· [   ]

60 전교생이 소방 **안전** 교육을 받았다.
················· [   ]

61 컴퓨터 사용으로 우리 생활이 점점 **편리**해지고 있다. ··············· [   ]

62 과학 **문명**은 실제 우리가 사는 시대보다 뒤떨어져 있다. ··········· [   ]

63 남한과 북한이 **합작**하여 영화를 제작하였다.
　‥‥‥‥‥‥‥‥‥‥ [　　　　]

64 사람들은 그들의 **용기** 있는 행동에 감동하였다. ‥‥‥‥‥‥ [　　　　]

65 수십 척의 배에서 **풍악**을 울리자 축제가 시작되었다. ‥‥‥‥‥ [　　　　]

66 옛날 선비들은 경사로운 일에는 **청색** 도포를 입었다. ‥‥‥‥‥ [　　　　]

67 그는 슬픈 마음에 **식음**도 잊은 채 눈물만 흘렸다. ‥‥‥‥‥‥ [　　　　]

68 해마다 **해군** 본부에서 주최하는 수영대회에 참가하였다. ‥‥‥‥ [　　　　]

69 장군도 **전장**에서는 병사들과 똑같이 식은 음식을 나누어 먹었다. ‥ [　　　　]

70 지구의 온도가 내려가 **표면**이 식으면서 지각이 만들어졌다. ‥‥‥ [　　　　]

71 백제와 신라는 동맹을 맺어 고구려의 **남하**를 저지하려고 하였다. ‥ [　　　　]

72 그는 "가난과 **부모**가 창피하다고 느껴본 적이 없다"고 말했다. ‥‥ [　　　　]

73 "수수깡 3개로 **삼각형**을 만들어놓고 삼각 김밥이라니!" ‥‥‥‥‥ [　　　　]

04 다음 訓과 音을 가진 漢字를 쓰세요.
　　　　　　　　　　74~78번

|보기|
나라 국 → [國]

74 사라질 소 [　　　] **75** 지아비 부 [　　　]

76 쉴　휴 [　　　] **77** 맑을　청 [　　　]

78 비로소 시 [　　　]

05 다음 [　　] 속에 주어진 漢字와 뜻이 같거나 비슷한 漢字를 |보기|에서 찾아 그 번호를 쓰세요.
　　　　　　　　　　79~81번

|보기|
① 目　　② 近　　③ 本　　④ 秋
⑤ 路　　⑥ 同　　⑦ 手　　⑧ 木

79 넓은 늪지대에는 樹 [　　　]이 무성하였다.

80 "우리 조상들은 왜 쌀농사를 농사의 根 [　　　]으로 삼았을까?"

81 자전거를 타고 섬을 일주할 수 있는 道 [　　　]를 건설하였다.

06 다음 [　　] 안에 각각 뜻이 반대 또는 상대되는 글자를 |보기|에서 찾아 그 번호를 쓰세요.
　　　　　　　　　　82~84번

|보기|
① 晝　　② 長　　③ 元　　④ 外
⑤ 小　　⑥ 主　　⑦ 少　　⑧ 業

82 취업을 준비하는 언니는 도서관에서 [　　　]夜로 책을 읽었다.

83 사람들과 스스럼없이 지내고 老 [　　　]를 가리지 않았다.

84 영화제에서 國內 [　　　] 우수작이 발표되었다.

07 다음 [　] 안에 알맞은 漢字를 |보기|에서 찾아 그 번호를 적어, 자주 쓰이는 단어를 만드세요. 85~86번

|보기|

① 充　② 多　③ 郡　④ 春　⑤ 當　⑥ 頭

85 박물관은 호기심을 [　　　]足시켜 주는 공간으로 꾸며졌다.

86 주변 경관과 조화를 念[　　　]에 두고 설계하고 건축하였다.

08 다음의 뜻을 가진 同音語를 |보기|에서 찾아 그 번호를 쓰세요. 87~89번

|보기|

① 公知　② 新鮮　③ 獨子
④ 獨自　⑤ 出典　⑧ 士氣

87 史記 – [　　　] : 자신감이 가득 참.

88 神仙 – [　　　] : 과일이나 생선 따위 가 싱싱하다.

89 讀者 – [　　　] : 자기 혼자.

09 다음 사자성어의 [　] 속에 알맞은 글자를 |보기|에서 찾아 그 번호를 쓰세요. 90~92번

|보기|

① 別　② 使　③ 千　④ 名
⑤ 萬　⑥ 石　⑦ 夕　⑧ 苦

90 [　　　]古不變 : 길이 변하지 아니함.

91 花朝月[　　　] : 꽃피는 아침과 달뜨 는 저녁.

92 不遠[　　　]里 : 천 리 길도 멀다고 여기지 않음.

10 다음 漢字의 略字(약자 : 획수를 줄인 글자)를 쓰세요. 93~95번

|보기|

國 → [国]

93 氣 – [　　　]　**94** 體 – [　　　]
95 數 – [　　　]

11 다음 漢字語의 뜻을 간단히 쓰세요. 96~97번

96 所有 : [　　　　　　　]

97 的中 : [　　　　　　　]

12 다음 漢字의 색이 다른 획은 몇 번째 쓰는지 |보기|에서 찾아 그 번호를 쓰세요. 98~100번

|보기|

① 첫 번째　② 두 번째　③ 세 번째
④ 네 번째　⑤ 다섯 번째　⑥ 여섯 번째
⑦ 일곱 번째　⑧ 여덟 번째　⑨ 아홉 번째
⑩ 열 번째

98 神 ············· [　　　]

99 林 ············· [　　　]

100 室 ············· [　　　]

수험번호 □□□-□□-□□□□　성명 □□□□□

생년월일 □□□□□□　※ 주민등록번호 앞 6자리 숫자를 기입하십시오.　※ 성명은 한글로 작성　※ 필기구는 검정색 볼펜만 가능

※ 답안지는 컴퓨터로 처리되므로 구기거나 더럽히지 마시고, 정답 칸 안에만 쓰십시오.
글씨가 채점란으로 들어오면 오답처리가 됩니다.

전국한자능력검정시험 5급Ⅱ 답안지(1) (시험시간:50분)

번호	답안란 정답	채점란 1검	2검	번호	답안란 정답	채점란 1검	2검	번호	답안란 정답	채점란 1검	2검
1				17				33			
2				18				34			
3				19				35			
4				20				36			
5				21				37			
6				22				38			
7				23				39			
8				24				40			
9				25				41			
10				26				42			
11				27				43			
12				28				44			
13				29				45			
14				30				46			
15				31				47			
16				32				48			

감독위원	채점위원(1)		채점위원(2)		채점위원(3)	
(서명)	(득점)	(서명)	(득점)	(서명)	(득점)	(서명)

※뒷면으로 이어짐

※ 답안지는 컴퓨터로 처리되므로 구기거나 더럽히지 마시고, 정답 칸 안에만 쓰십시오. 글씨가 채점란으로 들어오면 오답처리가 됩니다.

전국한자능력검정시험 5급Ⅱ 답안지(2)

번호	정답	1검	2검	번호	정답	1검	2검	번호	정답	1검	2검
49				67				85			
50				68				86			
51				69				87			
52				70				88			
53				71				89			
54				72				90			
55				73				91			
56				74				92			
57				75				93			
58				76				94			
59				77				95			
60				78				96			
61				79				97			
62				80				98			
63				81				99			
64				82				100			
65				83							
66				84							

수험번호 □□□-□□-□□□□   성명 □□□□□

생년월일 □□□□□□   ※ 주민등록번호 앞 6자리 숫자를 기입하십시오.   ※ 성명은 한글로 작성
                                                   ※ 필기구는 검정색 볼펜만 가능

※ 답안지는 컴퓨터로 처리되므로 구기거나 더럽히지 마시고, 정답 칸 안에만 쓰십시오.
   글씨가 채점란으로 들어오면 오답처리가 됩니다.

전국한자능력검정시험 5급Ⅱ 답안지(1) (시험시간:50분)

번호	답안란 정답	채점란 1검	2검	번호	답안란 정답	채점란 1검	2검	번호	답안란 정답	채점란 1검	2검
1				17				33			
2				18				34			
3				19				35			
4				20				36			
5				21				37			
6				22				38			
7				23				39			
8				24				40			
9				25				41			
10				26				42			
11				27				43			
12				28				44			
13				29				45			
14				30				46			
15				31				47			
16				32				48			

감독위원	채점위원(1)		채점위원(2)		채점위원(3)	
서명)	(득점)	(서명)	(득점)	(서명)	(득점)	(서명)

※뒷면으로 이어짐

※ 답안지는 컴퓨터로 처리되므로 구기거나 더럽히지 마시고, 정답 칸 안에만 쓰십시오. 글씨가 채점란으로 들어오면 오답처리가 됩니다.

전국한자능력검정시험 5급Ⅱ 답안지(2)

번호	정답	1검	2검	번호	정답	1검	2검	번호	정답	1검	2검
49				67				85			
50				68				86			
51				69				87			
52				70				88			
53				71				89			
54				72				90			
55				73				91			
56				74				92			
57				75				93			
58				76				94			
59				77				95			
60				78				96			
61				79				97			
62				80				98			
63				81				99			
64				82				100			
65				83							
66				84							

수험번호 □□□-□□-□□□□

성명 □□□□□

생년월일 □□□□□□ ※ 주민등록번호 앞 6자리 숫자를 기입하십시오.

※ 성명은 한글로 작성
※ 필기구는 검정색 볼펜만 가능

※ 답안지는 컴퓨터로 처리되므로 구기거나 더럽히지 마시고, 정답 칸 안에만 쓰십시오.
　글씨가 채점란으로 들어오면 오답처리가 됩니다.

전국한자능력검정시험 5급Ⅱ 답안지(1) (시험시간:50분)

번호	답안란 정답	채점란 1검	2검	번호	답안란 정답	채점란 1검	2검	번호	답안란 정답	채점란 1검	2검
1				17				33			
2				18				34			
3				19				35			
4				20				36			
5				21				37			
6				22				38			
7				23				39			
8				24				40			
9				25				41			
10				26				42			
11				27				43			
12				28				44			
13				29				45			
14				30				46			
15				31				47			
16				32				48			

감독위원	채점위원(1)		채점위원(2)		채점위원(3)	
서명)	(득점)	(서명)	(득점)	(서명)	(득점)	(서명)

※ 답안지는 컴퓨터로 처리되므로 구기거나 더럽히지 마시고, 정답 칸 안에만 쓰십시오. 글씨가 채점란으로 들어오면 오답처리가 됩니다.

전국한자능력검정시험 5급Ⅱ 답안지(2)

번호	정답	1검	2검	번호	정답	1검	2검	번호	정답	1검	2검
49				67				85			
50				68				86			
51				69				87			
52				70				88			
53				71				89			
54				72				90			
55				73				91			
56				74				92			
57				75				93			
58				76				94			
59				77				95			
60				78				96			
61				79				97			
62				80				98			
63				81				99			
64				82				100			
65				83							
66				84							

수험번호 □□□-□□-□□□□   성명 □□□□□

생년월일 □□□□□□ ※ 주민등록번호 앞 6자리 숫자를 기입하십시오.   ※ 성명은 한글로 작성
※ 필기구는 검정색 볼펜만 가능

※ 답안지는 컴퓨터로 처리되므로 구기거나 더럽히지 마시고, 정답 칸 안에만 쓰십시오.
　글씨가 채점란으로 들어오면 오답처리가 됩니다.

전국한자능력검정시험 5급Ⅱ 답안지(1) (시험시간:50분)

번호	답안란 정답	채점란 1검	채점란 2검	번호	답안란 정답	채점란 1검	채점란 2검	번호	답안란 정답	채점란 1검	채점란 2검
1				17				33			
2				18				34			
3				19				35			
4				20				36			
5				21				37			
6				22				38			
7				23				39			
8				24				40			
9				25				41			
10				26				42			
11				27				43			
12				28				44			
13				29				45			
14				30				46			
15				31				47			
16				32				48			

감독위원	채점위원(1)		채점위원(2)		채점위원(3)	
(서명)	(득점)	(서명)	(득점)	(서명)	(득점)	(서명)

※뒷면으로 이어짐

※ 답안지는 컴퓨터로 처리되므로 구기거나 더럽히지 마시고, 정답 칸 안에만 쓰십시오. 글씨가 채점란으로 들어오면 오답처리가 됩니다.

전국한자능력검정시험 5급Ⅱ 답안지(2)

번호	정답	1검	2검	번호	정답	1검	2검	번호	정답	1검	2검
49				67				85			
50				68				86			
51				69				87			
52				70				88			
53				71				89			
54				72				90			
55				73				91			
56				74				92			
57				75				93			
58				76				94			
59				77				95			
60				78				96			
61				79				97			
62				80				98			
63				81				99			
64				82				100			
65				83							
66				84							

답안란 / 채점란 (답안란: 번호·정답 / 채점란: 1검·2검)

수험번호 □□□-□□-□□□□　　성명□□□□□

생년월일 □□□□□□　※ 주민등록번호 앞 6자리 숫자를 기입하십시오.　※ 성명은 한글로 작성
　　　　　　　　　　　　　　　　　　　　　　　　　　　　　　※ 필기구는 검정색 볼펜만 가능

※ 답안지는 컴퓨터로 처리되므로 구기거나 더럽히지 마시고, 정답 칸 안에만 쓰십시오.
　글씨가 채점란으로 들어오면 오답처리가 됩니다.

전국한자능력검정시험 5급Ⅱ 답안지(1) (시험시간:50분)

번호	답안란 정답	채점란 1검	2검	번호	답안란 정답	채점란 1검	2검	번호	답안란 정답	채점란 1검	2검
1				17				33			
2				18				34			
3				19				35			
4				20				36			
5				21				37			
6				22				38			
7				23				39			
8				24				40			
9				25				41			
10				26				42			
11				27				43			
12				28				44			
13				29				45			
14				30				46			
15				31				47			
16				32				48			

감독위원	채점위원(1)		채점위원(2)		채점위원(3)	
(서명)	(득점)	(서명)	(득점)	(서명)	(득점)	(서명)

※뒷면으로 이어짐

※ 답안지는 컴퓨터로 처리되므로 구기거나 더럽히지 마시고, 정답 칸 안에만 쓰십시오. 글씨가 채점란으로 들어오면 오답처리가 됩니다.

전국한자능력검정시험 5급Ⅱ 답안지(2)

답안란		채점란		답안란		채점란		답안란		채점란	
번호	정답	1검	2검	번호	정답	1검	2검	번호	정답	1검	2검
49				67				85			
50				68				86			
51				69				87			
52				70				88			
53				71				89			
54				72				90			
55				73				91			
56				74				92			
57				75				93			
58				76				94			
59				77				95			
60				78				96			
61				79				97			
62				80				98			
63				81				99			
64				82				100			
65				83							
66				84							

5 2 1

수험번호 ☐☐☐-☐☐-☐☐☐☐ 성명 ☐☐☐☐☐

생년월일 ☐☐☐☐☐☐ ※ 주민등록번호 앞 6자리 숫자를 기입하십시오. ※ 성명은 한글로 작성
※ 필기구는 검정색 볼펜만 가능

※ 답안지는 컴퓨터로 처리되므로 구기거나 더럽히지 마시고, 정답 칸 안에만 쓰십시오.
글씨가 채점란으로 들어오면 오답처리가 됩니다.

전국한자능력검정시험 5급Ⅱ 답안지(1) (시험시간:50분)

번호	답안란 정답	채점란 1검	2검	번호	답안란 정답	채점란 1검	2검	번호	답안란 정답	채점란 1검	2검
1				17				33			
2				18				34			
3				19				35			
4				20				36			
5				21				37			
6				22				38			
7				23				39			
8				24				40			
9				25				41			
10				26				42			
11				27				43			
12				28				44			
13				29				45			
14				30				46			
15				31				47			
16				32				48			

감독위원	채점위원(1)		채점위원(2)		채점위원(3)	
(서명)	(득점)	(서명)	(득점)	(서명)	(득점)	(서명)

※뒷면으로 이어짐

※ 답안지는 컴퓨터로 처리되므로 구기거나 더럽히지 마시고, 정답 칸 안에만 쓰십시오. 글씨가 채점란으로 들어오면 오답처리가 됩니다.

전국한자능력검정시험 5급Ⅱ 답안지(2)

번호	정답	1검	2검	번호	정답	1검	2검	번호	정답	1검	2검
49				67				85			
50				68				86			
51				69				87			
52				70				88			
53				71				89			
54				72				90			
55				73				91			
56				74				92			
57				75				93			
58				76				94			
59				77				95			
60				78				96			
61				79				97			
62				80				98			
63				81				99			
64				82				100			
65				83							
66				84							

수험번호 □□□-□□-□□□□   성명 □□□□□

생년월일 □□□□□□ ※ 주민등록번호 앞 6자리 숫자를 기입하십시오.   ※ 성명은 한글로 작성
                                                        ※ 필기구는 검정색 볼펜만 가능

※ 답안지는 컴퓨터로 처리되므로 구기거나 더럽히지 마시고, 정답 칸 안에만 쓰십시오.
  글씨가 채점란으로 들어오면 오답처리가 됩니다.

전국한자능력검정시험 5급Ⅱ 답안지(1) (시험시간:50분)

번호	답안란 정답	채점란 1검	2검	번호	답안란 정답	채점란 1검	2검	번호	답안란 정답	채점란 1검	2검
1				17				33			
2				18				34			
3				19				35			
4				20				36			
5				21				37			
6				22				38			
7				23				39			
8				24				40			
9				25				41			
10				26				42			
11				27				43			
12				28				44			
13				29				45			
14				30				46			
15				31				47			
16				32				48			

감독위원	채점위원(1)		채점위원(2)		채점위원(3)	
(서명)	(득점)	(서명)	(득점)	(서명)	(득점)	(서명)

※뒷면으로 이어짐

전국한자능력검정시험 5급Ⅱ 답안지(2)

번호	정답	1검	2검	번호	정답	1검	2검	번호	정답	1검	2검
49				67				85			
50				68				86			
51				69				87			
52				70				88			
53				71				89			
54				72				90			
55				73				91			
56				74				92			
57				75				93			
58				76				94			
59				77				95			
60				78				96			
61				79				97			
62				80				98			
63				81				99			
64				82				100			
65				83							
66				84							

수험번호 □□□-□□-□□□□　　성명 □□□□□

생년월일 □□□□□□　※ 주민등록번호 앞 6자리 숫자를 기입하십시오.　※ 성명은 한글로 작성
　　　　　　　　　　　　　　　　　　　　　　　　　　　※ 필가구는 검정색 볼펜만 가능

※ 답안지는 컴퓨터로 처리되므로 구기거나 더럽히지 마시고, 정답 칸 안에만 쓰십시오.
　글씨가 채점란으로 들어오면 오답처리가 됩니다.

전국한자능력검정시험 5급Ⅱ 답안지(1) (시험시간:50분)

번호	답안란 정답	채점란 1검	2검	번호	답안란 정답	채점란 1검	2검	번호	답안란 정답	채점란 1검	2검
1				17				33			
2				18				34			
3				19				35			
4				20				36			
5				21				37			
6				22				38			
7				23				39			
8				24				40			
9				25				41			
10				26				42			
11				27				43			
12				28				44			
13				29				45			
14				30				46			
15				31				47			
16				32				48			

감독위원	채점위원(1)		채점위원(2)		채점위원(3)	
(서명)	(득점)	(서명)	(득점)	(서명)	(득점)	(서명)

※뒷면으로 이어짐

※ 답안지는 컴퓨터로 처리되므로 구기거나 더럽히지 마시고, 정답 칸 안에만 쓰십시오. 글씨가 채점란으로 들어오면 오답처리가 됩니다.

전국한자능력검정시험 5급Ⅱ 답안지(2)

번호	정답	1검	2검	번호	정답	1검	2검	번호	정답	1검	2검
49				67				85			
50				68				86			
51				69				87			
52				70				88			
53				71				89			
54				72				90			
55				73				91			
56				74				92			
57				75				93			
58				76				94			
59				77				95			
60				78				96			
61				79				97			
62				80				98			
63				81				99			
64				82				100			
65				83							
66				84							

수험번호 □□□-□□-□□□□   성명 □□□□□

생년월일 □□□□□□   ※ 주민등록번호 앞 6자리 숫자를 기입하십시오.   ※ 성명은 한글로 작성
    ※ 필가구는 검정색 볼펜만 가능

※ 답안지는 컴퓨터로 처리되므로 구기거나 더럽히지 마시고, 정답 칸 안에만 쓰십시오.
   글씨가 채점란으로 들어오면 오답처리가 됩니다.

전국한자능력검정시험 5급Ⅱ 답안지(1) (시험시간:50분)

번호	답안란 정답	채점란 1검	2검	번호	답안란 정답	채점란 1검	2검	번호	답안란 정답	채점란 1검	2검
1				17				33			
2				18				34			
3				19				35			
4				20				36			
5				21				37			
6				22				38			
7				23				39			
8				24				40			
9				25				41			
10				26				42			
11				27				43			
12				28				44			
13				29				45			
14				30				46			
15				31				47			
16				32				48			

감독위원	채점위원(1)		채점위원(2)		채점위원(3)	
(서명)	(득점)	(서명)	(득점)	(서명)	(득점)	(서명)

※뒷면으로 이어짐

※ 답안지는 컴퓨터로 처리되므로 구기거나 더럽히지 마시고, 정답 칸 안에만 쓰십시오. 글씨가 채점란으로 들어오면 오답처리가 됩니다.

전국한자능력검정시험 5급Ⅱ 답안지(2)

번호	정답	1검	2검	번호	정답	1검	2검	번호	정답	1검	2검
49				67				85			
50				68				86			
51				69				87			
52				70				88			
53				71				89			
54				72				90			
55				73				91			
56				74				92			
57				75				93			
58				76				94			
59				77				95			
60				78				96			
61				79				97			
62				80				98			
63				81				99			
64				82				100			
65				83							
66				84							

수험번호 □□□-□□-□□□□　　　　성명 □□□□□

생년월일 □□□□□□　※ 주민등록번호 앞 6자리 숫자를 기입하십시오.　　※ 성명은 한글로 작성
　　　　　　　　　　　　　　　　　　　　　　　　　　　　　※ 필기구는 검정색 볼펜만 가능

※ 답안지는 컴퓨터로 처리되므로 구기거나 더럽히지 마시고, 정답 칸 안에만 쓰십시오.
　글씨가 채점란으로 들어오면 오답처리가 됩니다.

전국한자능력검정시험 5급Ⅱ 답안지(1) (시험시간:50분)

번호	정답	1검	2검	번호	정답	1검	2검	번호	정답	1검	2검
1				17				33			
2				18				34			
3				19				35			
4				20				36			
5				21				37			
6				22				38			
7				23				39			
8				24				40			
9				25				41			
10				26				42			
11				27				43			
12				28				44			
13				29				45			
14				30				46			
15				31				47			
16				32				48			

감독위원	채점위원(1)		채점위원(2)		채점위원(3)	
(서명)	(득점)	(서명)	(득점)	(서명)	(득점)	(서명)

※뒷면으로 이어짐

※ 답안지는 컴퓨터로 처리되므로 구기거나 더럽히지 마시고, 정답 칸 안에만 쓰십시오. 글씨가 채점란으로 들어오면 오답처리가 됩니다.

전국한자능력검정시험 5급Ⅱ 답안지(2)

번호	정답	1검	2검	번호	정답	1검	2검	번호	정답	1검	2검
49				67				85			
50				68				86			
51				69				87			
52				70				88			
53				71				89			
54				72				90			
55				73				91			
56				74				92			
57				75				93			
58				76				94			
59				77				95			
60				78				96			
61				79				97			
62				80				98			
63				81				99			
64				82				100			
65				83							
66				84							

5 2 1

수험번호 □□□-□□-□□□□   성명 □□□□□

생년월일 □□□□□□   ※ 주민등록번호 앞 6자리 숫자를 기입하십시오.   ※ 성명은 한글로 작성
※ 필기구는 검정색 볼펜만 가능

※ 답안지는 컴퓨터로 처리되므로 구기거나 더럽히지 마시고, 정답 칸 안에만 쓰십시오.
   글씨가 채점란으로 들어오면 오답처리가 됩니다.

전국한자능력검정시험 5급Ⅱ 답안지(1) (시험시간:50분)

번호	답안란 정답	채점란 1검	2검	번호	답안란 정답	채점란 1검	2검	번호	답안란 정답	채점란 1검	2검
1				17				33			
2				18				34			
3				19				35			
4				20				36			
5				21				37			
6				22				38			
7				23				39			
8				24				40			
9				25				41			
10				26				42			
11				27				43			
12				28				44			
13				29				45			
14				30				46			
15				31				47			
16				32				48			

감독위원	채점위원(1)		채점위원(2)		채점위원(3)	
(서명)	(득점)	(서명)	(득점)	(서명)	(득점)	(서명)

※뒷면으로 이어짐

전국한자능력검정시험 5급Ⅱ 답안지(2)

번호	정답	1검	2검	번호	정답	1검	2검	번호	정답	1검	2검
49				67				85			
50				68				86			
51				69				87			
52				70				88			
53				71				89			
54				72				90			
55				73				91			
56				74				92			
57				75				93			
58				76				94			
59				77				95			
60				78				96			
61				79				97			
62				80				98			
63				81				99			
64				82				100			
65				83							
66				84							

수험번호 □□□-□□-□□□□ 　성명□□□□□

생년월일 □□□□□□ ※ 주민등록번호 앞 6자리 숫자를 기입하십시오. 　※ 성명은 한글로 작성
　　　　　　　　　　　　　　　　　　　　　　　　　　　　　　※ 필기구는 검정색 볼펜만 가능

※ 답안지는 컴퓨터로 처리되므로 구기거나 더럽히지 마시고, 정답 칸 안에만 쓰십시오.
　글씨가 채점란으로 들어오면 오답처리가 됩니다.

전국한자능력검정시험 5급Ⅱ 답안지(1) (시험시간:50분)

번호	답안란 정답	채점란 1검	2검	번호	답안란 정답	채점란 1검	2검	번호	답안란 정답	채점란 1검	2검
1				17				33			
2				18				34			
3				19				35			
4				20				36			
5				21				37			
6				22				38			
7				23				39			
8				24				40			
9				25				41			
10				26				42			
11				27				43			
12				28				44			
13				29				45			
14				30				46			
15				31				47			
16				32				48			

감독위원	채점위원(1)		채점위원(2)		채점위원(3)	
(서명)	(득점)	(서명)	(득점)	(서명)	(득점)	(서명)

※뒷면으로 이어짐

※ 답안지는 컴퓨터로 처리되므로 구기거나 더럽히지 마시고, 정답 칸 안에만 쓰십시오. 글씨가 채점란으로 들어오면 오답처리가 됩니다.

전국한자능력검정시험 5급Ⅱ 답안지(2)

번호	정답	1검	2검	번호	정답	1검	2검	번호	정답	1검	2검
49				67				85			
50				68				86			
51				69				87			
52				70				88			
53				71				89			
54				72				90			
55				73				91			
56				74				92			
57				75				93			
58				76				94			
59				77				95			
60				78				96			
61				79				97			
62				80				98			
63				81				99			
64				82				100			
65				83							
66				84							

위 표에서 각 답안란 묶음의 헤더는 다음과 같습니다:
답안란(번호, 정답) / 채점란(1검, 2검)

수험번호 □□□-□□-□□□□ 성명 □□□□□

생년월일 □□□□□□ ※ 주민등록번호 앞 6자리 숫자를 기입하십시오. ※ 성명은 한글로 작성
※ 필기구는 검정색 볼펜만 가능

※ 답안지는 컴퓨터로 처리되므로 구기거나 더럽히지 마시고, 정답 칸 안에만 쓰십시오.
글씨가 채점란으로 들어오면 오답처리가 됩니다.

전국한자능력검정시험 5급Ⅱ 답안지(1) (시험시간:50분)

번호	정답	1검	2검	번호	정답	1검	2검	번호	정답	1검	2검
	답안란	채점란			답안란	채점란			답안란	채점란	
1				17				33			
2				18				34			
3				19				35			
4				20				36			
5				21				37			
6				22				38			
7				23				39			
8				24				40			
9				25				41			
10				26				42			
11				27				43			
12				28				44			
13				29				45			
14				30				46			
15				31				47			
16				32				48			

감독위원	채점위원(1)		채점위원(2)		채점위원(3)	
서명)	(득점)	(서명)	(득점)	(서명)	(득점)	(서명)

※ 뒷면으로 이어짐

전국한자능력검정시험 5급Ⅱ 답안지(2)

번호	정답	1검	2검	번호	정답	1검	2검	번호	정답	1검	2검
49				67				85			
50				68				86			
51				69				87			
52				70				88			
53				71				89			
54				72				90			
55				73				91			
56				74				92			
57				75				93			
58				76				94			
59				77				95			
60				78				96			
61				79				97			
62				80				98			
63				81				99			
64				82				100			
65				83							
66				84							

수험번호 □□□-□□-□□□□　　　　　성명 □□□□□

생년월일 □□□□□□　　※ 주민등록번호 앞 6자리 숫자를 기입하십시오.　　※ 성명은 한글로 작성
　　　　　　　　　　　　　　　　　　　　　　　　　　　　　　※ 필가구는 검정색 볼펜만 가능

※ 답안지는 컴퓨터로 처리되므로 구기거나 더럽히지 마시고, 정답 칸 안에만 쓰십시오.
　글씨가 채점란으로 들어오면 오답처리가 됩니다.

전국한자능력검정시험 5급Ⅱ 답안지(1) (시험시간:50분)

번호	답안란 정답	채점란 1검	채점란 2검	번호	답안란 정답	채점란 1검	채점란 2검	번호	답안란 정답	채점란 1검	채점란 2검
1				17				33			
2				18				34			
3				19				35			
4				20				36			
5				21				37			
6				22				38			
7				23				39			
8				24				40			
9				25				41			
10				26				42			
11				27				43			
12				28				44			
13				29				45			
14				30				46			
15				31				47			
16				32				48			

감독위원	채점위원(1)		채점위원(2)		채점위원(3)	
(서명)	(득점)	(서명)	(득점)	(서명)	(득점)	(서명)

※뒷면으로 이어짐　　■

※ 답안지는 컴퓨터로 처리되므로 구기거나 더럽히지 마시고, 정답 칸 안에만 쓰십시오. 글씨가 채점란으로 들어오면 오답처리가 됩니다.

전국한자능력검정시험 5급Ⅱ 답안지(2)

번호	정답	1검	2검	번호	정답	1검	2검	번호	정답	1검	2검
49				67				85			
50				68				86			
51				69				87			
52				70				88			
53				71				89			
54				72				90			
55				73				91			
56				74				92			
57				75				93			
58				76				94			
59				77				95			
60				78				96			
61				79				97			
62				80				98			
63				81				99			
64				82				100			
65				83							
66				84							

(사) 한국어문회 주관

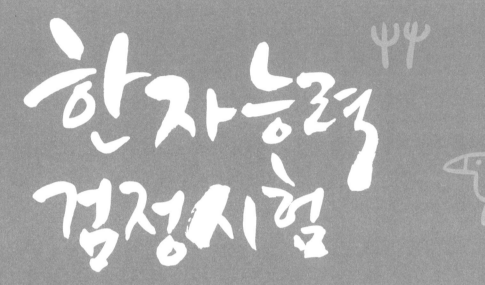

한자능력 검정시험

기출 · 예상문제 5급 II

▷ 1회 ~ 5회

정답과 해설은 150 ~ 157쪽에 있습니다.

01회

한자능력검정시험 5급Ⅱ
기출·예상문제

(사) 한국어문회 주관	
합격문항	70문항
시험시간	50분
정 답	150쪽

01 다음 밑줄 친 漢字語의 讀音을 쓰세요.

01~35번

| 보기 |

字音 → [자음]

01 인간은 자연과 **調和**를 이루며 살아야 합니다.
    .... [   ]

02 다른 지역에서 온 장사치들로 **客主**가 북적였다. .... [   ]

03 담배는 우리 몸에 **害惡**하다.
    .... [   ]

04 그는 **法度**가 엄한 집안에서 자랐다.
    .... [   ]

05 주몽에 대한 고구려의 **傳說**이 전해진다.
    .... [   ]

06 좌석은 모두 팔리고 **立席**밖에 없었다.
    .... [   ]

07 일주일 동안 **週番** 활동을 하였다.
    .... [   ]

08 신라의 화랑은 나라에 **奉仕**하는 정신을 길렀다. .... [   ]

09 여러 색깔로 **具色**을 맞추었다.
    .... [   ]

10 경기도 **廣州**에는 남한산성과 수어장대 등의 명승지가 있다. .... [   ]

11 농수산물 **價格**이 많이 올랐다.
    .... [   ]

12 그는 경제**觀念**이 없어 수입보다 지출이 많았다. .... [   ]

13 냉장고에 보관된 우유도 **變質**될 수 있다.
    .... [   ]

14 산꼭대기에는 붉은 노을에 물든 **雲海**가 흘렀다. .... [   ]

15 수출입 물품은 **通關** 절차에 따라야 한다.
    .... [   ]

16 다른 반 학생과 가볍게 **目禮**를 나누었다.
    .... [   ]

17 외국인들은 작은 **親切**에도 고마워하였다.
    .... [   ]

18 학생들의 **要望**대로 휴게실을 만들기로 하였다.
    .... [   ]

19 "지위가 높으면 권한과 **責任**도 무거운 법!"
    .... [   ]

20 개학식 전날에 방학 **宿題**를 마무리하였다.
    .... [   ]

21 선수들은 모두가 **團合**된 힘을 보여주었다.
    .... [   ]

22 그는 자식을 가르치느라고 **財産**을 모으지 못했다. .... [   ]

23 갑옷을 입은 **兵士**들이 줄지어 서있었다.
    .... [   ]

24 옛날 민간 신앙에서는 **神仙**을 믿고 오래살기를 기원하였다. .... [   ]

25 그의 글씨에는 **獨特**한 멋이 있다.
    .... [   ]

26 지하도에는 **商店**이 늘어서 있었다.
    .... [   ]

27 밤에는 등불로 신호를 **識別**하였다.
    .... [   ]

28 그는 **過勞**하여 결국 병원에 입원하였다.
…………………………… [　　　　]

29 외국어를 잘하기 위해서는 많은 **練習**이 필요하다. ……………… [　　　　]

30 동생은 **偉人**전을 읽고 독후감을 썼다.
…………………………… [　　　　]

31 친구 간의 **友情**은 소중한 재산이다.
…………………………… [　　　　]

32 그 영화는 줄거리의 **展開**가 박진감이 넘쳤다.
…………………………… [　　　　]

33 후보들이 내건 **公約**이 잘 지켜질지 의문이었다. ……………… [　　　　]

34 사람들은 **邑長**을 찾아가서 불편한 사항의 개선을 요구하였다. ……[　　　　]

35 일본 **首相**이 우리나라를 방문하였다.
…………………………… [　　　　]

02 다음 漢字의 訓과 音을 쓰세요. 　36~58번

|보기|

字 → [글자 **자**]

36 着 [　　　　] 　37 流 [　　　　]
38 宅 [　　　　] 　39 告 [　　　　]
40 局 [　　　　] 　41 臣 [　　　　]
42 陸 [　　　　] 　43 典 [　　　　]
44 充 [　　　　] 　45 鮮 [　　　　]
46 的 [　　　　] 　47 兒 [　　　　]
48 福 [　　　　] 　49 德 [　　　　]
50 歲 [　　　　] 　51 朗 [　　　　]
52 卒 [　　　　] 　53 必 [　　　　]
54 綠 [　　　　] 　55 基 [　　　　]
56 以 [　　　　] 　57 筆 [　　　　]
58 己 [　　　　]

03 다음 각 단어와 음은 같으나 뜻이 다른 단어를 쓰되 주어진 뜻풀이에 맞는 말을 漢字로 쓰세요. 　59~61번

59 短信 － [　　　　] : 작은 키.
60 地面 － [　　　　] : 종이의 겉 면.
61 電線 － [　　　　] : 싸움을 벌이는 지역을 가상으로 연결한 선.

04 다음 [　] 안에 각각 뜻이 반대 또는 상대되는 漢字를 써넣어 단어가 되게 하세요. 　62~64번

62 強 ↔ [　　　] 　63 [　　　] ↔ 舊
64 昨 ↔ [　　　]

05 다음 [　] 안에 각각 알맞은 글자를 |보기|에서 찾아 넣어 四字成語를 완성하세요. 　65~68번

|보기|

① 多少　② 多才　③ 天愛　④ 事愛
⑤ 死活　⑥ 作用　⑦ 洋藥　⑧ 良藥

65 [　　　] 苦口　66 同化 [　　　]
67 [　　　] 多能　68 敬 [　　　] 人

06 다음 [　] 안에 訓이 같은 글자를 |보기|에서 찾아 넣어 단어가 되게 하세요. 　69~71번

|보기|

① 育　② 午　③ 物　④ 圖　⑤ 母　⑥ 根

69 [　　　] = 畫　70 養 = [　　　]
71 [　　　] = 品

07 다음 밑줄 친 단어를 漢字로 쓰세요. 　72~91번

|보기|

한자 → [漢字]

72 서울 근교는 원예**농업**이 활발하다.
　·················· [　　　　]

73 **음식**을 가리지 말고 골고루 먹어야 합니다.
　·················· [　　　　]

74 주판을 이용하여 물건 값을 **계산**하였다.

75 아이들은 **교과서**의 문학작품을 낭송하였다.
　·················· [　　　　]

76 고온다습한 여름 계절풍은 벼농사에 **유리**하다.
　·················· [　　　　]

77 산야가 **백설**로 뒤덮였다.
　·················· [　　　　]

78 경제문제를 **집중**적으로 논의하였다.
　·················· [　　　　]

79 그 일을 하기에는 **용기**가 필요하였다.
　·················· [　　　　]

80 그의 작품은 **소문**에 듣던 대로 훌륭하다.

81 학교 **운동장**에서 아이들이 공을 차고 있다.
　·················· [　　　　]

82 교통과 통신의 발달은 **세계**를 지구촌화하였다. ·················· [　　　　]

83 그는 재산 **전부**를 사회단체에 기부하였다.
　·················· [　　　　]

84 오늘의 **성공**은 그동안 노력한 결과이다.
　·················· [　　　　]

85 그는 이번 대회에서 **발명왕**으로 뽑혔다.
　·················· [　　　　]

86 작은 섬에 있는 **분교**의 학생들을 초청하였다.
　·················· [　　　　]

87 아이들은 **음악**에 맞춰 몸을 흔들었다.
　·················· [　　　　]

88 꼭짓점이 셋 이상인 도형에는 **삼각형**이 포함된다. ·················· [　　　　]

89 "여러분의 **가정**에 축복이 있기를 기원합니다."
　·················· [　　　　]

90 어머니의 꾸지람을 듣고 잘못을 **반성**하였다.
　·················· [　　　　]

91 은행에 있는 자동지급기에서 **현금**을 찾았다.
　·················· [　　　　]

08 다음 漢字語의 뜻을 간단히 쓰세요. 92~94번

92 洗車 : [　　　　]
93 雨衣 : [　　　　]
94 遠近 : [　　　　]

09 다음 漢字의 略字(약자 : 획수를 줄인 글자)를 쓰세요.
95~97번

95 對 - [　　　] 　96 讀 - [　　　]
97 體 - [　　　]

10 다음 漢字의 색이 다른 획은 몇 번째 쓰는지 |보기|에서 찾아 그 번호를 쓰세요. 98~100번

|보기|
① 첫 번째　　② 두 번째　　③ 세 번째
④ 네 번째　　⑤ 다섯 번째　⑥ 여섯 번째
⑦ 일곱 번째　⑧ 여덟 번째　⑨ 아홉 번째

98 男 ············ [　　　　]

99 登 ············ [　　　　]

100 來 ············ [　　　　]

02회 한자능력검정시험 **5**급 II
기출·예상문제

(사) **한국어문회** 주관	
합격문항	70문항
시험시간	50분
정 답	151쪽

01 다음 밑줄 친 漢字語의 讀音을 쓰세요.

01~35번

| 보기 |

字音 → [자음]

01 野外에서 인형놀이를 공연하였다.
.... [   ]

02 "부상이 그만해서 천만多幸이다."
.... [   ]

03 친절한 안내로 旅行이 즐거웠다.
.... [   ]

04 불법 주정차한 차량들이 團束에 걸렸다.
.... [   ]

05 금강산 陸路 관광을 시작하였다.
.... [   ]

06 그는 獨學으로 자격증을 땄다.
.... [   ]

07 수상해 보였던 그는 적들과 內通하는 첩자였다. .... [   ]

08 적들의 局地 도발에 대비하였다.
.... [   ]

09 도화지를 노란색으로 着色하였다.
.... [   ]

10 그들은 평소 面識이 있던 사이였다.
.... [   ]

11 그들의 행동은 凶惡하여 사람들의 손가락질을 받았다. .... [   ]

12 졸업식은 式順에 따라 진행되었다.
.... [   ]

13 체육대회를 來週에 열기로 하였다.
.... [   ]

14 후손들은 조상들의 德業을 기렸다.
.... [   ]

15 인부들이 무허가 住宅을 철거하였다.
.... [   ]

16 대표들은 모두 자신의 利害만을 따졌다.
.... [   ]

17 동물은 種族을 보존하려는 본능이 있다.
.... [   ]

18 개학 전날에야 방학 宿題를 겨우 마쳤다.
.... [   ]

19 문화를 다섯 가지 분야로 分類하였다.
.... [   ]

20 아이들은 교과서를 합창하듯 朗讀하였다.
.... [   ]

21 훈련병들은 모두 새 軍服으로 갈아입었다.
.... [   ]

22 처음부터 그 일에 相關하고 싶지 않았다.
.... [   ]

23 낡은 舊習에서 벗어나기를 강조하였다.
.... [   ]

24 정부는 문제 해결을 위해 特使를 파견하였다.
.... [   ]

25 소년은 깊은 산 속에서 元始에 가까운 생활을 하였다. .... [   ]

26 그는 작품에서 인간성 회복을 基調로 삼았다.
.... [   ]

27 아이들이 색색의 雨衣를 입고 등교하였다.
.... [   ]

28 한방에서는 열매, 나무껍질 따위를 **藥材**로 쓴다. ································ [　　　]

29 학교를 설립하기 **以前**에는 문맹자가 많았다.
　································ [　　　]

30 여성들은 **實質**적인 남녀평등을 요구하였다.
　································ [　　　]

31 진실을 추구하고 정의를 **具現**하고자 하였다.
　································ [　　　]

32 개구리를 해부하기 위해 배를 **切開**하였다.
　································ [　　　]

33 지나간 **歷史**가 어둡다고 숨길 수는 없다.
　································ [　　　]

34 일반적으로 공급이 많고 수요가 적으면 **價格**이 내려간다. ············· [　　　]

35 그의 풍부한 감수성에 **每番** 감탄하였다.
　································ [　　　]

02 다음 漢字의 訓과 音을 쓰세요. 36~58번

|보기|
字 → [글자 자]

36 筆 [　　　]　37 勇 [　　　]
38 春 [　　　]　39 法 [　　　]
40 急 [　　　]　41 待 [　　　]
42 車 [　　　]　43 席 [　　　]
44 表 [　　　]　45 銀 [　　　]
46 校 [　　　]　47 晝 [　　　]
48 左 [　　　]　49 黃 [　　　]
50 變 [　　　]　51 臣 [　　　]
52 出 [　　　]　53 必 [　　　]
54 醫 [　　　]　55 油 [　　　]
56 石 [　　　]　57 號 [　　　]
58 典 [　　　]

03 다음 漢字와 뜻이 상대 또는 반대되는 漢字를 쓰세요. 59~61번

59 苦 ↔ [　　　]　60 [　　　] ↔ 過
61 死 ↔ [　　　]

04 다음 [　] 에 들어갈 漢字를 |보기|에서 찾아 넣어 四字成語를 완성하세요. 62~65번

|보기|
①身　②神　③朝　④立
⑤淸　⑥英　⑦靑　⑧工

62 [　　　] 山流水　63 [　　　] 土不二
64 安心 [　　　] 命　65 士農 [　　　] 商

05 다음 [　]에 訓이 같은 글자를 |보기|에서 찾아 넣어 단어가 되게 하세요. 66~68번

|보기|
①財　②生　③當　④術　⑤意　⑥愛

66 才 = [　　　]　67 [　　　] = 産
68 情 = [　　　]

06 다음 각 단어와 음은 같으나 뜻이 다른 단어를 주어진 뜻에 맞게 漢字로 쓰세요. 69~71번

69 大界 - [　　　] : 큰 계획.
70 全道 - [　　　] : 전체를 그린 그림이나 지도.
71 發展 - [　　　] : 전기를 일으킴.

07 다음 漢字語의 뜻을 간단히 쓰세요. 72~74번

72 充足 : [　　　]
73 等速 : [　　　]
74 放任 : [　　　]

08 다음 漢字의 略字(약자 : 획수를 줄인 글자)를 쓰세요.

75~77번

75 體 − [   ]   **76** 會 − [   ]

77 戰 − [   ]

09 다음 밑줄 친 단어를 漢字로 쓰세요.

78~97번

| 보기 |

한자 → [漢字]

78 우리는 서로 만날 **공산**이 크다.

.... [   ]

79 장사에서는 자본보다 **신용**이 중요하다.

.... [   ]

80 집회에 수많은 **시민**이 참가했다.

.... [   ]

81 모처럼 모든 **식구**가 한자리에 모였다.

.... [   ]

82 해마다 **교육** 환경이 좋아지고 있다.

.... [   ]

83 따뜻한 봄이 오니 가지각색의 **초목**에 싹이
텄다. .... [   ]

84 여행 중에 어느 시골의 **가정**에 초대받았다.

.... [   ]

85 신문에 바뀐 교육제도에 대한 **기사**가 실렸다.

.... [   ]

86 여행 경비는 **각자**가 마련하기로 하였다.

.... [   ]

87 한동안 그가 이사했다는 **풍문**이 돌았다.

.... [   ]

88 책의 **공백**에 중요한 내용을 기록하였다.

.... [   ]

89 밤마다 어머니께서 **동화**를 읽어주신다.

.... [   ]

90 선생님께서 한국 소설 **명작**을 권해주셨다.

.... [   ]

91 봄이면 대부분의 **식물**들이 꽃을 피운다.

.... [   ]

92 구불구불하던 도로를 **직선**으로 정비하였다.

.... [   ]

93 생명이 있는 것은 **소중**히 다루어야 한다.

.... [   ]

94 독립단을 결성하여 애국 **운동**을 펼쳤다.

.... [   ]

95 그의 앞길에 **광명**이 비추기를 기도하였다.

.... [   ]

96 아군은 **소수**의 병력으로 적을 무찔렀다.

.... [   ]

97 투표 결과에 사람들의 이목이 **집중**되었다.

.... [   ]

10 다음 漢字의 색이 다른 획은 몇 번째 쓰는지
| 보기 |에서 찾아 그 번호를 쓰세요. 98~100번

| 보기 |

① 첫 번째   ② 두 번째   ③ 세 번째
④ 네 번째   ⑤ 다섯 번째   ⑥ 여섯 번째
⑦ 일곱 번째   ⑧ 여덟 번째   ⑨ 아홉 번째

98 氣 .... [   ]

99 形 .... [   ]

100 邑 .... [   ]

03회 한자능력검정시험 **5**급 II
기출·예상문제

(사) 한국어문회 주관

합격문항	70문항
시험시간	50분
정 답	153쪽

01 다음 밑줄 친 漢字語의 讀音을 쓰세요.

01~35번

| 보기 |

字音 → [자음]

01 강의의 중요 내용을 놓치지 않기 위해 **筆記**하였다. ·············· [   ]

02 도서관에서 우연히 **親舊**를 만났다.
·························· [   ]

03 폭설로 인해 **線路**가 끊어졌다.
·························· [   ]

04 그들은 치밀한 **計畫**을 짰다.
·························· [   ]

05 관현**樂團**이 정기연주회를 열었다.
·························· [   ]

06 전쟁터에 **惡性** 유행병이 돌고 있다.
·························· [   ]

07 모든 일은 **順理**에 맞게 처리해야 한다.
·························· [   ]

08 그녀의 말투는 무척 **洗練**되게 느껴졌다.
·························· [   ]

09 설레는 마음으로 **約束** 장소에 나갔다.
·························· [   ]

10 그는 학식과 **品行**이 뛰어난 제자이다.
·························· [   ]

11 **陽地** 바른 비탈에 집을 지었다.
·························· [   ]

12 선생님께서 **今週** 일정을 발표하셨다.
·························· [   ]

13 그들은 바위 뒤 **死角**에 숨어 있었다.
·························· [   ]

14 아이들이 **變質**된 음식을 먹고 배탈이 났다.
·························· [   ]

15 새학기를 맞아 **書店**에서 참고서를 샀다.
·························· [   ]

16 물질이 **幸福**을 가져다주는 것은 아니다.
·························· [   ]

17 점심에 먹은 음식이 **消化**가 되지 않았는지 갑갑하였다. ·············· [   ]

18 국경을 수비하는 **軍卒**들은 고향을 생각했다.
·························· [   ]

19 인공 **知能**을 통해 유해 물질을 판단하였다.
·························· [   ]

20 사고 환자는 출혈 **過多**로 생명이 위독했다.
·························· [   ]

21 금지 약물을 **服用**한 선수는 실격되었다.
·························· [   ]

22 어머니와 함께 **法堂**에 들어가서 절을 했다.
·························· [   ]

23 도로 위에 새로 그은 차선이 **鮮明**했다.
·························· [   ]

24 그곳의 상황을 알아야 할 **必要**가 있었다.
·························· [   ]

25 아버지는 한 달에 한 번 **宿直**을 하신다.
·························· [   ]

26 도심에 나타난 멧돼지가 **結局** 잡히고 말았다.
·························· [   ]

27 싸워서 이길 **勝算**이 있는지를 따져보았다.
·························· [   ]

28 세계의 <u>産油</u>국들이 생산량을 줄이기로 하였다.
.... [   ]

29 공공의 <u>目的</u>을 위해 회관을 지었다.
.... [   ]

30 먼저, 사고의 원인을 찾는 것이 <u>合當</u>하다.
.... [   ]

31 밤하늘의 별을 <u>望遠</u>렌즈로 관찰하였다.
.... [   ]

32 그는 자신의 <u>責任</u>을 남에게 넘겨씌웠다.
.... [   ]

33 강원도 동해안은 관광<u>休養</u>지로 유명하다.
.... [   ]

34 누나는 일주일에 3일은 <u>在宅</u>근무를 한다.
.... [   ]

35 공공장소에서 떠드는 것은 <u>良識</u> 있는 행동이
아니다. .... [   ]

02 다음 漢字의 訓과 音을 쓰세요. 36~58번

|보기|
字 → [글자 자]

36 害 [   ]   37 兵 [   ]
38 長 [   ]   39 班 [   ]
40 老 [   ]   41 頭 [   ]
42 事 [   ]   43 速 [   ]
44 短 [   ]   45 醫 [   ]
46 弟 [   ]   47 奉 [   ]
48 現 [   ]   49 姓 [   ]
50 分 [   ]   51 飮 [   ]
52 孫 [   ]   53 情 [   ]
54 里 [   ]   55 效 [   ]
56 有 [   ]   57 夏 [   ]
58 價 [   ]

03 다음 漢字와 뜻이 상대 또는 반대되는 漢字를 쓰세요. 59~61번

59 正↔[   ]   60 [   ]↔客
61 和↔[   ]

04 다음 [   ]에 들어갈 漢字를 |보기|에서 찾아 넣어 四字成語를 완성하세요. 62~65번

|보기|
① 時   ② 白   ③ 市   ④ 南
⑤ 物   ⑥ 百   ⑦ 雲   ⑧ 窓

62 門前成 [   ]   63 北 [   ] 三友
64 見 [   ] 生心 65 [   ] 衣民族

05 다음 [   ]에 訓이 같은 글자를 |보기|에서 찾아 넣어 단어가 되게 하세요. 66~68번

|보기|
① 童   ② 果   ③ 習   ④ 勇   ⑤ 充   ⑥ 敎

66 實 = [   ]   67 [   ] = 訓
68 兒 = [   ]

06 다음 각 단어와 음은 같으나 뜻이 다른 단어를 주어진 뜻에 맞게 漢字로 쓰세요. 69~71번

69 發身 – [   ] : 소식이나 전신을
보냄.

70 大面 – [   ] : 얼굴을 마주보고
대함.

71 空洞 – [   ] : 둘 이상이 일을
같이 함.

07 다음 漢字語의 뜻을 간단히쓰세요. 72~74번

72 節電 : [   ]

73 利文 : [　　　　　　　　]
74 先着 : [　　　　　　　　]

08 다음 漢字의 略字(약자 : 획수를 줄인 글자)를 쓰세요.
　　　　　　　　　　　　　　75~77번

75 來 - [　　　　]　　76 氣 - [　　　　]
77 國 - [　　　　]

09 다음 밑줄 친 단어를 漢字로 쓰세요. 78~97번

| 보기 |
한자 → [漢字]

78 그의 **화술**은 기지가 넘쳤다.
　　　　　　　　　　　[　　　　　]

79 모두들 자신의 **입장**을 밝혔다.
　　　　　　　　　　　[　　　　　]

80 복잡한 교통 **문제**를 해결하였다.
　　　　　　　　　　　[　　　　　]

81 마을에는 별별 **소문**이 나돌았다.
　　　　　　　　　　　[　　　　　]

82 "올해는 **운수**가 대통하길 바란다."
　　　　　　　　　　　[　　　　　]

83 먹는 음식을 줄여서 **체중**을 조절하였다.
　　　　　　　　　　　[　　　　　]

84 가구를 **전부** 새 것으로 바꾸었다.
　　　　　　　　　　　[　　　　　]

85 그의 행동에는 나쁜 **의도**가 없었다.
　　　　　　　　　　　[　　　　　]

86 친구 아버지의 **춘추**를 물어보았다.
　　　　　　　　　　　[　　　　　]

87 어려운 **형편**에서 벗어나고자 하였다.
　　　　　　　　　　　[　　　　　]

88 세계 각국의 **대표**들이 회담을 가졌다.
　　　　　　　　　　　[　　　　　]

89 많은 사람들이 도시에서 **농촌**으로 돌아가고 있다. ‥‥‥‥‥ [　　　　　]

90 그녀의 멋진 **시구**에 이어 경기가 시작되었다.
　　　　　　　　　　　[　　　　　]

91 자유와 **평등**을 통치의 기본으로 삼고 있다.
　　　　　　　　　　　[　　　　　]

92 학교에 나도는 소문은 **공연**한 사실이었다.
　　　　　　　　　　　[　　　　　]

93 수출이 늘어 **회사**에서 직원들을 늘렸다.
　　　　　　　　　　　[　　　　　]

94 그는 세상일을 잊고 **풍월**을 즐기며 산다.
　　　　　　　　　　　[　　　　　]

95 그는 일을 처리하는 면에서는 나보다 **고수**였다. ‥‥‥‥‥ [　　　　　]

96 야외 **활동**에는 간편한 옷차림이 좋다.
　　　　　　　　　　　[　　　　　]

97 힘든 **작업**을 마치고 나니 마음이 편안하였다.
　　　　　　　　　　　[　　　　　]

10 다음 漢字의 색이 다른 획은 몇 번째 쓰는지 |보기|에서 찾아 그 번호를 쓰세요. 98~100번

| 보기 |
① 첫 번째　　② 두 번째　　③ 세 번째
④ 네 번째　　⑤ 다섯 번째　　⑥ 여섯 번째
⑦ 일곱 번째　　⑧ 여덟 번째　　⑨ 아홉 번째

98 花 ‥‥‥‥ [　　　　　]

99 家 ‥‥‥‥ [　　　　　]

100 庭 ‥‥‥‥ [　　　　　]

04회

한자능력검정시험 **5급Ⅱ**
기출·예상문제

(사) **한국어문회** 주관	
합격문항	70문항
시험시간	50분
정 답	154쪽

01 다음 밑줄 친 漢字語의 讀音을 쓰세요.

01~35번

|보기|

字音 → [자음]

01 내가 제일 먼저 결승점에 **到着**하였다.
.... [   ]

02 민재는 **晝夜**로 열심히 공부했다.
.... [   ]

03 꺾꽂이를 하여 새 **品種**을 만들었다.
.... [   ]

04 할아버지께서는 초대 회장을 **歷任**하셨다.
.... [   ]

05 이산가족의 아픔을 **體感**하셨다.
.... [   ]

06 엄마의 예감이 **的中**했다.
.... [   ]

07 선수들은 **必勝**의 결의를 다졌다.
.... [   ]

08 글의 내용을 **要約**하여 발표하였다.
.... [   ]

09 그의 성공은 좋은 **典例**를 남겼다.
.... [   ]

10 지방에 **傳來**된 풍속을 조사하였다.
.... [   ]

11 할머니는 **敎養**이 풍부한 분이셨다.
.... [   ]

12 오늘은 우리 분단이 청소 **當番**이다.
.... [   ]

13 전학을 가면서 **級友**들과 작별하였다.
.... [   ]

14 금은 퍼지고 늘어나는 **性質**이 크다.
.... [   ]

15 슈바이처는 평생 남을 위해 **奉仕**하였다.
.... [   ]

16 메두사는 그리스 **神話**에 나오는 괴물이다.
.... [   ]

17 그는 섬세하고 **格調** 높은 작품을 남겼다.
.... [   ]

18 불우 이웃 돕기에 각계의 **溫情**이 쏟아졌다.
.... [   ]

19 컴퓨터는 생활에 많은 **變化**를 가져왔다.
.... [   ]

20 아침마다 **新鮮**한 채소가 배달된다.
.... [   ]

21 우리 선수가 **先頭**를 제치고 맨 앞으로 나섰다.
.... [   ]

22 그녀는 고운 얼굴에 **才德**을 겸비하였다.
.... [   ]

23 갑옷을 입은 **兵士**들이 전쟁터로 향했다.
.... [   ]

24 형은 아버지의 **偉業**을 이어가기로 하였다.
.... [   ]

25 새로운 교육의 요구를 **充足**시켜야 한다.
.... [   ]

26 그는 일생동안 모은 **財産**을 장학금으로 기부하였다. .... [   ]

27 노을에 젖은 붉은 **雲海**가 장관이다.
.... [   ]

28 선명하게 **識別**할 수 있는 표지판을 만들었다.
················· [   ]

29 하루 종일 계속된 **勞動**으로 지쳐 움직일 수 없었다. ················· [   ]

30 바자회를 열어 자선**基金**을 마련하였다.
················· [   ]

31 당분간 사태를 **觀望**하자는 의견이 많았다.
················· [   ]

32 국사 선생님은 **野史**를 들려 주셨다.
················· [   ]

33 삼촌은 고학으로 대학을 **首席** 졸업하였다.
················· [   ]

34 한 지방관리가 무거운 세금으로 백성에게 **害惡**을 끼쳤다. ········· [   ]

35 환경오염은 **後孫**들에게 큰 재앙을 가져다줄 것이다. ················· [   ]

02 다음 漢字의 訓과 音을 쓰세요. 36~58번

|보기|

字 → [글자 자]

36 習 [   ] 37 綠 [   ]
38 禮 [   ] 39 客 [   ]
40 卒 [   ] 41 凶 [   ]
42 休 [   ] 43 飮 [   ]
44 花 [   ] 45 形 [   ]
46 式 [   ] 47 在 [   ]
48 定 [   ] 49 昨 [   ]
50 見 [   ] 51 朝 [   ]
52 西 [   ] 53 李 [   ]
54 農 [   ] 55 失 [   ]
56 時 [   ] 57 州 [   ]
58 雪 [   ]

03 다음 漢字와 뜻이 상대 또는 반대되는 漢字를 쓰세요. 59~61번

59 分 ↔ [   ] 60 [   ] ↔ 陸
61 長 ↔ [   ]

04 다음 [   ]에 들어갈 漢字를 |보기|에서 찾아 넣어 四字成語를 완성하세요. 62~65번

|보기|

① 公   ② 代   ③ 展   ④ 藥
⑤ 共   ⑥ 直   ⑦ 手   ⑧ 弱

62 以實 [   ] 告   63 良 [   ] 苦口
64 [   ] 明正大   65 自 [   ] 成家

05 다음 [   ]에 訓이 같은 글자를 |보기|에서 찾아 넣어 단어가 되게 하세요. 66~68번

|보기|

① 色 ② 會 ③ 第 ④ 住 ⑤ 川 ⑥ 邑

66 郡 = [   ]   67 [   ] = 宅
68 社 = [   ]

06 다음 각 단어와 음은 같으나 뜻이 다른 단어를 주어진 뜻에 맞게 漢字로 쓰세요. 69~71번

69 全山 - [   ] : 전자 계산기.
70 圖章 - [   ] : 무예를 닦는 곳.
71 風門 - [   ] : 바람처럼 떠도는 소문.

07 다음 漢字語의 뜻을 간단히 쓰세요. 72~74번

72 過半 : [   ]

73 敬老 : [　　　　　　　　　　　　　　　]
74 事由 : [　　　　　　　　　　　　　　　]

08 다음 漢字의 略字(약자 : 획수를 줄인 글자)를 쓰세요.
75～77번

75 學 - [　　　　　]　76 對 - [　　　　　]
77 發 - [　　　　　]

09 다음 밑줄 친 단어를 漢字로 쓰세요. 78～97번

| 보기 |

한자 → [漢字]

78 부모님께 **문안** 편지를 올렸다.
[　　　　　　　　　　　]

79 상대방의 주장에 **반기**를 들었다.
[　　　　　　　　　　　]

80 그는 나라를 위해 **신명**을 바쳤다.
[　　　　　　　　　　　]

81 그의 제안을 받아들일 **용의**가 있다.
[　　　　　　　　　　　]

82 빗발이 땅을 적시기 **시작**했다.
[　　　　　　　　　　　]

83 신도시에 **인공**호수를 만들었다.
[　　　　　　　　　　　]

84 뜻하지 않았던 **행운**을 거머쥐었다.
[　　　　　　　　　　　]

85 그는 문제의 **급소**를 찌르는 질문을 하였다.
[　　　　　　　　　　　]

86 아이들은 쉬는 시간에 **교정**에서 뛰놀았다.
[　　　　　　　　　　　]

87 긴급 차량이 지나가도록 **차선**을 양보했다.
[　　　　　　　　　　　]

88 전원풍경을 아름다운 문체로 **표현**하였다.
[　　　　　　　　　　　]

89 우리 팀은 공격 축구로 **전술**을 바꾸었다.
[　　　　　　　　　　　]

90 남녀를 **동등**하게 대우하는 것은 당연하다.
[　　　　　　　　　　　]

91 인격은 나이의 **고하**로 판단할 수 없다.
[　　　　　　　　　　　]

92 그는 **소일**거리로 연못의 고기를 돌보았다.
[　　　　　　　　　　　]

93 의사는 환자에게 치료약을 **주입**하였다.
[　　　　　　　　　　　]

94 공청회를 통해 **각계**의 의견을 들었다.
[　　　　　　　　　　　]

95 이 그림은 정취가 풍부한 **주제**를 밝은 색채로 그렸다. [　　　　　　　　]

96 남북 간에 **서신** 왕래라도 이루어져야 한다.
[　　　　　　　　　　　]

97 이방원의 「하여가」에 대하여 정몽주는 「단심가」로 **화답**하였다. …… [　　　　　]

10 다음 漢字의 색이 다른 획은 몇 번째 쓰는지 |보기|에서 찾아 그 번호를 쓰세요. 98～100번

| 보기 |

① 첫 번째　　② 두 번째　　③ 세 번째
④ 네 번째　　⑤ 다섯 번째　　⑥ 여섯 번째
⑦ 일곱 번째　　⑧ 여덟 번째　　⑨ 아홉 번째

98 世 　…………[　　　　　]

99 科 　…………[　　　　　]

100 球 　…………[　　　　　]

01 다음 밑줄 친 漢字語의 讀音을 쓰세요.

01~35번

| 보기 |

字音 → [자음]

01 두 마을을 잇는 도로를 **開通**하였다.
.... [   ]

02 갑자기 **氣溫**이 영하로 내려갔다.
.... [   ]

03 광장을 공원화하기로 **決定**하였다.
.... [   ]

04 대학생들이 집회에 **參觀**하였다.
.... [   ]

05 그는 화술이 뛰어난 **說客**이었다.
.... [   ]

06 회사마다 신제품의 **廣告**경쟁이 치열하다.
.... [   ]

07 닭과 오리는 같은 **部類**에 속한다.
.... [   ]

08 맹수를 애완동물처럼 **調練**하였다.
.... [   ]

09 약물을 복용한 선수는 **失格**되었다.
.... [   ]

10 "**宅內** 두루 평안하시길 바랍니다."
.... [   ]

11 느닷없는 **質問**에 순간 당황하였다.
.... [   ]

12 우리 가게는 **每週** 월요일에 쉰다.
.... [   ]

13 다양한 물건으로 **具色**을 갖추었다.
.... [   ]

14 흉악범은 돌멩이 **洗禮**를 받았다.
.... [   ]

15 **關東** 지방은 산지가 많다.
.... [   ]

16 일이 **順風**에 돛단 듯 잘 풀렸다.
.... [   ]

17 학생들은 두발 자유를 **要望**하였다.
.... [   ]

18 우리 선조들은 효의 **法度**를 가장 중요한 배움으로 여겼다. .... [   ]

19 온 국민이 **團結**하여 난국을 이겨내야 한다.
.... [   ]

20 "그에게 **必然** 무슨 곡절이 있는 것이 분명해."
.... [   ]

21 경찰이 **過速**으로 달리는 차량을 단속하였다.
.... [   ]

22 의사는 수술에 앞서 환자의 **病歷**을 확인하였다. .... [   ]

23 그 회사는 **勞使**가 협력하여 위기를 넘겼다.
.... [   ]

24 그는 **情感**이 넘치는 노래를 불렀다.
.... [   ]

25 영어로 된 **商號**를 우리말로 바꾸었다.
.... [   ]

26 운동장 가까운 곳에 **宿所**를 마련하였다.
.... [   ]

27 그 작품을 감정한 **結果** 위작이었다.
.... [   ]

28 주야로 노력하여 끝내 **目的**을 이루었다.
     ················· [　　　　]

29 아이들에 대한 지나친 간섭과 무조건적인 **放任**은 좋지 않다. ···· [　　　　]

30 아직도 우리 생활에 젖어 있는 **舊習**이 많다.
     ················· [　　　　]

31 동서 문화**交流**를 나타내는 유물이 출토되었다.
     ················· [　　　　]

32 상감청자는 **獨特**한 기법으로 만들어졌다.
     ················· [　　　　]

33 과학적인 실험으로 약의 **效能**이 증명되었다.
     ················· [　　　　]

34 그는 세계를 여행하며 **識見**을 넓혔다.
     ················· [　　　　]

35 이번 결정은 누가 보아도 **不當**한 처사이다.
     ················· [　　　　]

---

02 다음 漢字의 訓과 音을 쓰세요.   36~58번

|보기|
字 → [글자 자]

36 到 [　　]		**37** 飮 [　　]
38 仙 [　　]		**39** 美 [　　]
40 陸 [　　]		**41** 敬 [　　]
42 束 [　　]		**43** 課 [　　]
44 財 [　　]		**45** 卒 [　　]
46 米 [　　]		**47** 店 [　　]
48 責 [　　]		**49** 元 [　　]
50 基 [　　]		**51** 重 [　　]
52 晝 [　　]		**53** 旅 [　　]
54 筆 [　　]		**55** 植 [　　]
56 朗 [　　]		**57** 術 [　　]
58 郡 [　　]		

---

03 다음 漢字와 뜻이 상대 또는 반대되는 漢字를 쓰세요.   59~61번

59 發 ↔ [　　　]   **60** [　　　] ↔ 害

61 士 ↔ [　　　]

---

04 다음 [　　]에 들어갈 漢字를 |보기|에서 찾아 넣어 四字成語를 완성하세요.   62~65번

|보기|
① 窓　②面　③文　④心
⑤長　⑥光　⑦史　⑧實

62 電 [　　] 石火   **63** 白 [　　] 書生

64 以心傳 [　　]   **65** 敎學相 [　　]

---

05 다음 [　　]에 訓이 같은 글자를 |보기|에서 찾아 넣어 단어가 되게 하세요.   66~68번

|보기|
① 業　② 洋　③ 世　④ 動　⑤ 勝　⑥ 會

66 事 = [　　　]   **67** [　　　] = 界

68 集 = [　　　]

---

06 다음 각 단어와 음은 같으나 뜻이 다른 단어를 주어진 뜻에 맞게 漢字로 쓰세요.   69~71번

69 空庭 － [　　　] : 공평하고 올바름.

70 全市 － [　　　] : 전쟁이 벌어진 때.

71 大利 － [　　　] : 남을 대신하여 일을 함.

---

07 다음 漢字語의 뜻을 간단히 쓰세요. 72~74번

72 品切 : [　　　　　　　]

73 知己 : [   ]

74 愛族 : [   ]

08 다음 漢字의 略字(약자 : 획수를 줄인 글자)를 **쓰세요.**
75~77번

75 萬 - [   ]   76 圖 - [   ]

77 樂 - [   ]

09 다음 밑줄 친 단어를 漢字로 쓰세요. 78~97번

|보기|

한자 → [漢字]

78 사건 **현장**을 방송으로 보도했다.
.... [   ]

79 동생은 자신의 잘못을 깊이 **반성**했다.
.... [   ]

80 세계 **각지**를 여행하였다.
.... [   ]

81 이름을 한자로 **표기**하였다.
.... [   ]

82 형은 **내년** 봄에 결혼을 한다.
.... [   ]

83 그는 언제나 **자신**이 넘쳤다.
.... [   ]

84 모든 것을 **운명**으로 받아들였다.
.... [   ]

85 사람은 누구나 **분수**에 맞게 살아야 한다.
.... [   ]

86 모처럼 **휴일**에 책장 정리를 하였다.
.... [   ]

87 학문을 강의하여 인재를 **육성**하였다.
.... [   ]

88 눈비가 오는 날에도 **신문**을 배달하였다.
.... [   ]

89 아버지 대신 **삼촌**이 집안일을 도왔다.
.... [   ]

90 알고 보니 그와 나는 **의외**로 공통점이 많았다.
.... [   ]

91 바둑판처럼 일정한 간격으로 **직각**을 이루었다.
.... [   ]

92 그는 세계**평화**를 위해 평생을 바쳤다.
.... [   ]

93 바둑을 마치고 서로 **계가**를 해보았다.
.... [   ]

94 두 회사가 **공동**으로 기술을 개발하였다.
.... [   ]

95 뉴스 시간에 **수화** 방송을 동시에 하였다.
.... [   ]

96 미역은 예로부터 **식용**으로 널리 이용하였다.
.... [   ]

97 그는 농구 선수로는 **단신**이지만 최우수 선수로 뽑혔다. .... [   ]

10 다음 漢字의 색이 다른 획은 몇 번째 쓰는지 |보기|에서 찾아 그 번호를 쓰세요. 98~100번

|보기|

① 첫 번째   ② 두 번째   ③ 세 번째
④ 네 번째   ⑤ 다섯 번째   ⑥ 여섯 번째
⑦ 일곱 번째   ⑧ 여덟 번째   ⑨ 아홉 번째

98 半 .... [   ]

99 弱 .... [   ]

100 間 .... [   ]

(사) **한국어문회** 주관

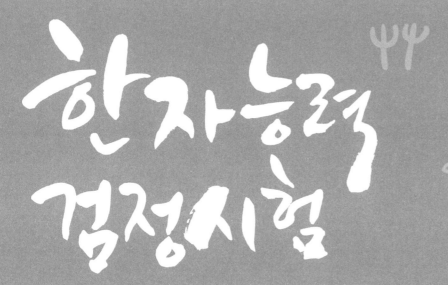

정답 및 해설 5급II

▷ 예상문제 1회 ~ 14회

▷ 기출·예상문제 1회 ~ 5회

01회 예상문제 (35쪽~37쪽)

01	실감	02	구색	03	특별	04	화학
05	형국	06	결속	07	종자	08	표정
09	친절	10	교류	11	착수	12	재질
13	주야	14	조절	15	개점	16	신화
17	상술	18	전사	19	과실	20	충족
21	이해	22	여행	23	변신	24	원금
25	용사	26	영원	27	자유	28	단지
29	악용	30	재래	31	견습	32	낭독
33	행복	34	유가	35	승산	36	본받을 효
37	꾸짖을 책	38	사이 간	39	집 당	40	하여금 사
41	통할 통	42	순할 순	43	과할 과 / 공부할 과		
44	무리 등	45	지날 력	46	오를 등	47	들 야
48	벗 우	49	글 장	50	뜰 정	51	물건 품
52	이를 도	53	생각 념	54	참여할 참 / 갖은석 삼		
55	쉴 휴	55	가까울 근	57	사기 사	58	사랑 애
59	氣力	60	運動	61	對面	62	放電
63	明白	64	平和	65	意外	66	半空
67	工作	68	祖上	69	班長	70	集中
71	農業	72	海風	73	入住	74	靑
75	歌	76	高	77	然	78	童
79	弱	80	心	81	水	82	④
83	⑧	84	⑤	85	②	86	④
87	①	88	⑥	89	下旗	90	天理
91	重大	92	좋은 책	93	군사를 기름		
94	눈길을 한곳에 모아서 봄 / 주의 깊게 살핌						
95	体	96	楽	97	図	98	②
99	③	100	⑨				

해설

04 化學(화학)▶(될 화)(배울 학)
: 물질의 조성과 구조, 성질 및 변화, 제법, 응용 따위를 연구하는 자연과학의 한 분야.

05 形局(형국)▶(모양 형)(판 국)
: 어떤 일이 벌어진 형편이나 국면.

06 結束(결속)▶(맺을 결)(묶을 속)
: 뜻이 같은 사람끼리 서로 단결함.
→ 서로 뜻이 비슷한 한자로 결합된 한자어입니다.

07 種子(종자)▶(씨 종)(아들 자)
: ① 식물의 씨앗. ②동물의 혈통이나 품종.
→ '子'자의 대표 훈은 '아들'이나 여기에서는 '열매, 씨'를 뜻합니다.

09 親切(친절)▶(친할 친)(끊을 절)
→ '切'자는 쓰임에 따라 뜻과 소리가 달라지는 글자입니다. 참切(끊을 절, 온통 체)

11 着手(착수)▶(붙을 착)(손 수)
: 어떤 일에 손을 댐, 또는 일을 시작함.

19 過失(과실)▶(지날 과)(잃을 실) : 잘못이나 허물
→ '過'자의 대표 훈은 '지나다'이나 여기에서는 '허물'을 뜻합니다.

20 充足(충족)▶(채울 충)(발 족) : 넉넉하게 채움.
→ '足'자의 대표 훈은 '발'이나 여기에서는 '넉넉함'을 뜻합니다.

21 利害(이해)▶(이할 리)(해할 해) : 이익과 손해.
→ 서로 뜻이 상대되는 한자로 결합된 반대자입니다.
→ '利'자는 본음이 '리'이나 여기에서는 두음법칙에 의해 '이'로 읽고 적습니다.

29 惡用(악용)▶(악할 악)(쓸　용) : 나쁜 일에 씀.
→ '惡'자는 쓰임에 따라 뜻과 소리가 달라지는 글자입니다.
참 惡(악할 악, 미워할 오)

30 在來(재래)▶(있을 재)(올　래) : 예전부터 있어 내려온 것, 또는 이제까지 해 오던 일.

62 放電(방전)▶(놓을 방)(번개 전)
: 전지나 축전기 또는 전기를 띤 물체에서 전기가 외부로 흘러나오는 현상.

66 半空(반공)▶(반　반)(빌　공)
: 땅으로부터 그리 높지 아니한 허공. 반공중.

67 工作(공작)▶(장인 공)(지을 작) : ① 물건을 만듦. ② 어떤 목적을 위하여 미리 일을 꾸밈.
→ '工'자의 뜻인 '장인'은 '연장을 써서 물건을 만드는 사람'을 뜻합니다.

79 強弱(강약)▶(강할 강)(약할 약)
→ '強'자는 서체에 따라 '强'자와 같은 모양으로 쓰기도 하나 '強'자가 정자입니다.

92 良書(양서)▶(어질 량)(글　서) : 좋은 책
→ '良'자의 대표 훈은 '어질다'이나 여기에서는 '좋다'를 뜻합니다.

98 內(안　내 : 入부, 총4획) : 丨 冂 冂 內

99 正(바를 정 : 止부, 총5획) : 一 丁 下 尸 正

100 軍(군사 군 : 車부, 총9획)
: 丶 冖 冖 冟 冟 冟 㝵 軍 軍

02회 예상문제　　38쪽~40쪽

01	다정	02	관광	03	약속	04	공단
05	상대	06	소망	07	흉물	08	양식
09	의견	10	영특	11	미음	12	용품
13	역사	14	강두	15	약효	16	안착
17	온도	18	교신	19	의복	20	인류
21	순번	22	기조	23	급사	24	재학
25	낙원	26	독립	27	과실	28	친분
29	세필	30	운집	31	매주	32	종족
33	국면	34	질적	35	신선	36	익힐 련
37	나타날 현	38	마땅 당	39	빠를 속	40	손자 손
41	법식 례	42	의원 의	43	말씀 설	44	골 동
45	공경 경	46	끊을 절 / 온통 체			47	장사 상
48	신하 신	49	맺을 결	50	일 사	51	신선 선
52	머리 수	53	그림 화	54	가까울 근	55	공 구
56	큰 덕	57	누를 황	58	열 개	59	體育
60	計算	61	表記	62	作業	63	車線
64	運命	65	公共	66	發明	67	午前
68	注文	69	話題	70	草木	71	半旗
72	外界	73	校庭	74	科	75	窓
76	勇	77	直	78	弱	79	功
80	死	81	主	82	⑧	83	⑥
84	②	85	③	86	②	87	⑥
88	④	89	高地	90	戰功	91	內子
92	정신을 잃음		93	간섭하지 않고 내버려 둠			
94	몹시 기다림		95	気	96	会	
97	国	98	②	99	⑥	100	⑦

해설

03 約束(약속)▶(맺을 약)(묶을 속)
→ 서로 뜻이 비슷한 한자로 결합된 한자어입니다.

06 所望(소망)▶(바 소)(바랄 망) : 어떤 일을 바람.
→ '所'자의 대표 훈인 '바'는 '앞에서 말한 내용 그 자체나 일 따위'를 뜻합니다.

08 洋式(양식)▶(큰바다 양)(법 식)
: 서양의 양식이나 격식.
→ '洋'자의 대표 훈은 '큰 바다'이나 여기에서는 '서양(西洋)'을 뜻합니다.

10 英特(영특)▶(꽃부리 영)(특별할 특)
: 남달리 뛰어나고 훌륭함.
→ '英'자의 대표 훈은 '꽃부리'이나 여기에서는 '재주가 뛰어남'을 뜻합니다.

13 歷史(역사)▶(지날 력)(사기 사) : 인류 사회의 변천과 흥망의 과정, 또는 그 기록.
→ '歷'자는 본음이 '력'이나 여기에서는 두음법칙에 의해 '역'으로 읽고 적습니다.

14 江頭(강두)▶(강 강)(머리 두) : 강가의 나루 근처.
→ '頭'자의 대표 훈은 '머리'이나 여기에서는 '가, 변두리'를 뜻합니다.

22 基調(기조)▶(터 기)(고를 조) : 사상, 작품, 학설 따위의 기본적인 경향이나 방향.

23 急使(급사)▶(급할 급)(하여금 사)
: 급한 용무로 심부름을 보내는 사람.
→ '使'자의 대표 훈은 '하여금(~하게 하다)'이나 여기에서는 '심부름꾼'을 뜻합니다.

25 樂園(낙원)▶(즐길 락)(동산 원) : 아무런 근심 걱정 없이 즐겁고 안락하게 살 수 있는 곳.
→ '樂'자는 쓰임에 따라 뜻과 소리가 달라지는 글자입니다. 참 樂(즐길 락, 노래 악, 좋아할 요)

29 洗筆(세필)▶(씻을 세)(붓 필) : 붓을 씻음.

34 質的(질적)▶(바탕 질)(과녁 적)
: 내용이나 본질에 관계되는 것.
→ '的'자의 대표 훈은 '과녁'이나 여기에서는 '관형사 또는 명사를 만드는 접미사'를 뜻합니다.

63 車線(차선)▶(수레 차)(줄 선)
→ '車'자는 쓰임에 따라 소리가 달라지는 글자입니다. 참 車(수레 차, 수레 거)

64 運命(운명)▶(옮길 운)(목숨 명)
: 인간을 포함한 모든 것을 지배하는 필연적이고 초인간적인 힘.
→ '運'자의 대표 훈은 '옮기다'이나 여기에서는 '운수(運數)'를 뜻합니다.

71 半旗(반기)▶(반 반)(기 기) : 남의 죽음을 슬퍼하는 뜻을 나타내기 위하여 깃봉에서 기의 한 폭만큼 내려서 다는 국기. 조기(弔旗).

79 功過(공과)▶(공 공)(지날 과)
: 공로(功勞)와 과실(過失).

86 兵卒(병졸)▶(병사 병)(마칠 졸) : 군인이나 군대.
→ '卒'자의 대표 훈은 '마치다'이나 여기에서는 '군사(軍士)'를 뜻합니다.

94 苦待(고대)▶(쓸 고)(기다릴 대)
→ '苦'자의 대표 훈은 '(맛이) 쓰다'이나 여기에서는 '몹시, 괴롭다'를 뜻합니다.

98 始(비로소 시 : 女부, 총8획)
: ㄥ 女 女 奻 奻 始 始 始

99 來(올 래 : 人부, 총8획)
: 一 ㄷ ㄷ ㅉ ㅉ 夾 來 來

100 邑(고을 읍 : 邑부, 총7획)
: ㅣ ㅁ ㅁ ㅁ 吕 吕 邑

03회　예상문제

41쪽~43쪽

01	주택	02	신념	03	착실	04	숙소
05	역임	06	과로	07	애정	08	체격
09	강요	10	절친	11	상점	12	소설
13	근방	14	사각	15	필기	16	산물
17	한복	18	사기	19	형언	20	부류
21	연습	22	별종	23	표구	24	번지
25	원로	26	결합	27	양육	28	급훈
29	독특	30	흉계	31	다행	32	문장
33	급속	34	양식	35	덕망	36	꾸짖을 책
37	남녘 남	38	반드시 필	39	나눌 반	40	평평할 평
41	나그네 려	42	비로소 시	43	손 객	44	모을 집
45	병 병	46	심을 식	47	사귈 교	48	관계할 관
49	채울 충	50	과녁 적	51	저자 시	52	글 서
53	여름 하	54	창 창	55	성품 성	56	해할 해
57	무거울 중	58	은 은	59	消音	60	對立
61	公然	62	作心	63	業主	64	會食
65	老弱	66	空中	67	江村	68	同等
69	利用	70	話術	71	意圖	72	弟子
73	命名	74	社	75	全	76	才
77	草	78	室	79	民	80	新
81	外	82	⑤	83	②	84	④
85	⑦	86	③	87	④	88	①
89	藥水	90	校庭	91	短歌		
92	반수 이상 / 절반은 훨씬 넘긴 수량						
93	신선한 정도			94	심부름을 하는 사람		
95	發	96	来	97	战 / 戰	98	①
99	⑦	100	⑧				

해설

01 住宅(주택)▸(살　주)(집　택) → '宅'자는 쓰임에 따라 소리가 달라지는 글자입니다.
图 宅(집 택, 집 댁) → '宅'자는 보통 '택'으로 읽으나 '① 남의 집이나 가정을 높여 이르는 말 ② 남의 아내를 대접하여 이르는 말 ③ 아내의 뜻을 더하는 접미사 ④ 시집온 여자의 뜻을 더하는 접미사' 등의 뜻에서는 '댁'으로 읽습니다.

04 宿所(숙소)▸(잘　숙)(바　소)
: 집을 떠난 사람이 임시로 묵는 곳.
→ '所'자의 대표 훈은 '바'이나 여기에서는 '곳, 장소'를 뜻합니다.

05 歷任(역임)▸(지날 력)(맡길 임)
: 여러 직위를 두루 거쳐 지냄.
→ '歷'자는 본음이 '력'이나 여기에서는 두음법칙에 의해 '역'으로 읽고 적습니다.
图 21. 練習(연습) 34. 良識(양식) 65. 老弱(노약) 69. 利用(이용)

09 强要(강요)▸(강할 강)(요긴할 요) : 억지로 요구함.
→ '强'자의 대표 훈은 '강하다'이나 여기에서는 '억지 쓰다, 강제하다'를 뜻합니다.
→ '强'자는 서체에 따라 '強'자와 같은 모양으로 쓰기도 하나 '强'자가 정자입니다.

14 死角(사각)▸(죽을 사)(뿔　각)
: ① 어느 각도에서도 보이지 아니하는 범위.
② 관심이나 영향이 미치지 못하는 범위.

20 部類(부류)▸(떼　부)(무리 류)
: 어떤 공통적인 성격 등에 따라 나눈 갈래.
→ 서로 뜻이 비슷한 한자로 결합된 한자어입니다.
图 27. 養育(양육) 32. 文章(문장) 68. 同等(동등)

22 別種(별종)▸(다를 별)(씨　종)

: ① 예사의 것과 달리 보이는 별다른 종류. ②'별스러운 사람'을 속되게 이르는 말.

34 良識(양식)▸(기를 양)(알 식)
: 뛰어난 식견(識見)이나 건전한 판단(判斷).
→ '良'자는 본음이 '량'이나 여기에서는 두음법칙에 의해 '양'으로 읽고 적습니다.
→ '識'자는 쓰임에 따라 뜻과 소리가 달라지는 글자입니다. 참 識(알 식, 기록할 지)

61 公然(공연)▸(공평할 공)(그럴 연)
: 세상에서 다 알 만큼 뚜렷하고 떳떳함.

71 意圖(의도)▸(뜻 의)(그림 도) : 무엇을 하고자 하는 생각이나 계획. 본뜻. → '圖'자의 대표 훈은 '그림'이나 여기에서는 '꾀하다'를 뜻합니다.

73 命名(명명)▸(목숨 명)(이름 명) : 사람, 사물, 사건 등의 대상에 이름을 지어 붙임.
→ '命'자의 대표 훈은 '목숨'이나 여기에서는 '이름을 짓다'를 뜻합니다.

81 內外(내외)▸(안 내)(바깥 외) : ① 안과 밖 ② 약간 덜하거나 넘음 ③ 남의 남녀 사이에 서로 얼굴을 마주 대하지 않고 피함. ④ 부부(夫婦).

86 告白(고백)▸(고할 고)(흰 백) : 마음속에 숨기고 있던 것을 털어놓음. → '白'자의 대표 훈은 '희다'이나 여기에서는 '아뢰다'를 뜻합니다.

88 典例(전례)▸(법 전)(법식 례)
: 규칙이나 법칙으로 삼는 근거가 되는 선례.

89 約數(약수)▸(맺을 약)(셈 수)
: 어떤 정수를 나머지 없이 나눌 수 있는 정수.

98 出(날 출 : 凵부, 총5획) : 丨 屮 屮 出 出

99 每(매양 매 : 毋부, 총7획) : ノ ㇒ 𠂉 每 每 每 每

100 花(꽃 화 : 艸부, 총8획) : 一 十 卄 艹 艹 芯 花 花

04회 예상문제 44쪽~46쪽

01	공로	02	신봉	03	요약	04	단체
05	상통	06	양은	07	약자	08	산실
09	원수	10	실질	11	위업	12	시조
13	고금	14	복용	15	휴양	16	선두
17	병거	18	식견	19	신록	20	결행
21	풍속	22	문책	23	방과	24	법당
25	운해	26	도래	27	현재	28	유례
29	야사	30	부당	31	숙제	32	결과
33	내륙	34	특성	35	공구	36	씨 종
37	복 복	38	의원 의	39	동산 원	40	비로소 시
41	판 국	42	장사 상	43	채울 충	44	맡길 임
45	고을 군	46	다행 행	47	있을 유	48	터 기
49	과녁 적	50	큰 덕	51	볼 관	52	신하 신
53	씻을 세	54	묶을 속	55	맑을 청	56	공경 경
57	비 우	58	해 세	59	住民	60	記事
61	育成	62	自然	63	和色	64	活動
65	光線	66	萬全	67	出戰	68	便紙
69	平等	70	家庭	71	作文	72	身分
73	各界	74	球	75	計	76	每
77	男	78	飮	79	學	80	利
81	反	82	⑦	83	④	84	⑥
85	②	86	④	87	②	88	⑥
89	書間	90	長音	91	高級		
92	사라져 없어짐			93	넓은 각도	94	뜻밖
95	会	96	数	97	国	98	⑪
99	⑤	100	⑧				

해설

06 洋銀(양은)▸(큰바다 양)(은 은) : 구리, 아연, 니켈 따위를 합금하여 만든 은백색의 금속.
→ '洋'자의 대표 훈은 '큰 바다'이나 여기에서는 '서양(西洋)'을 뜻합니다.

09 元首(원수)▸(으뜸 원)(머리 수) : 한 나라의 최고 통치권을 가진 사람. 국가 원수. → '首'자의 대표 훈은 '머리'이나 여기에서는 '우두머리'를 뜻합니다.

14 服用(복용)▸(옷 복)(쓸 용) : 약을 먹음.
→ '服'자의 대표 훈은 '옷'이나 여기에서는 '약을 먹다'를 뜻합니다.

17 兵車(병거)▸(병사 병)(수레 거)
: 전쟁할 때에 쓰는 수레.
→ '車'자는 쓰임에 따라 소리가 달라지는 글자입니다. 참 車(수레 거, 수레 차)

18 識見(식견)▸(알 식)(볼 견)
: '학식(學識)과 견문(見聞)'이라는 뜻으로, '사물을 분별할 수 있는 능력'을 이르는 말.
→ '識'자는 쓰임에 따라 뜻과 소리가 달라지는 글자입니다. 참 識(알 식, 기록할 지)

28 類例(유례)▸(무리 류)(법식 례) : (주로 없거나 적다는 뜻의 서술어와 함께 쓰여) 같거나 비슷한 예.

29 野史(야사)▸(들 야)(사기 사) : 민간에서 사사로이 기록한 역사. → '野'자의 대표 훈은 '들'이나 여기에서는 '민간(民間)'을 뜻합니다.

30 不當(부당)▸(아닐 불)(마땅 당)
: 이치에 맞지 아니함.
→ '不'자는 한자말에서 받침의 'ㄹ'이 떨어져 나가는 현상, 즉 '부단, 부동액, 부정, 부정확' 등과 같이 'ㄷ, ㅈ' 앞에서는 규칙적으로 탈락합니다.

66 萬全(만전)▸(일만 만)(온전 전)
: 조금도 허술함이 없이 아주 완전함.

69 平等(평등)▸(평평할 평)(무리 등)
: 차별 없이 고르고 한결같음.
→ 서로 뜻이 비슷한 한자로 결합된 한자어입니다.

72 身分(신분)▸(몸 신)(나눌 분)
: 개인의 사회적인 지위(地位)나 자격(資格).
→ '分'자의 대표 훈은 '나누다'이나 여기에서는 '신분, 직분'을 뜻합니다.

73 各界(각계)▸(각각 각)(지경 계)
: 사회의 각 분야.

79 訓學(훈학)▸(가르칠 훈)(배울 학)
: 글방에서 아이들에게 글을 가르침.

84 樂山樂水(요산요수)
▸(좋아할 요)(메 산)(좋아할 요)(물 수)
→ '樂'자는 쓰임에 따라 뜻과 소리가 달라지는 글자입니다.
참 樂(즐길 락, 노래 악, 좋아할 요)

86 道理(도리)▸(길 도)(다스릴 리) : ① 사람이 마땅히 행하여야 할 바른 길. ② 어떤 일을 해 나갈 방도. → 여기에서 '道'자와 '理'자는 모두 '도리'를 뜻합니다.

87 世代(세대)▸(인간 세)(대신할 대)
: 어린아이가 성장하여 부모를 계승할 때까지의 약 30년 정도 되는 기간. → 여기에서 '世'자와 '代'자는 모두 '대, 세대'를 뜻합니다.

90 長飮(장음)▸(긴 장)(마실 음)
: 오랜 시간 술을 마심.

91 告急(고급)▸(고할 고)(급할 급) : 급한 상황을 알림.

98 部(떼 부 : 邑부, 총11획)
: 

99 地(땅[따] 지 : 土부, 총6획) : 

100 運(옮길 운 : 辶부, 총13획)
: 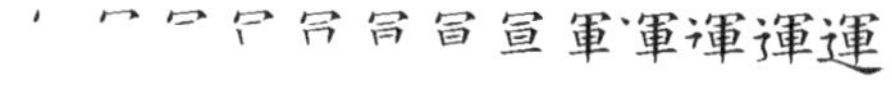

예상문제 정답 및 해설

05회 예상문제

47쪽~49쪽

01	낙원	02	의향	03	근본	04	국부
05	과목	06	절실	07	동숙	08	기금
09	낭독	10	관념	11	변통	12	온정
13	덕분	14	소화	15	신효	16	합격
17	필답	18	절약	19	태양	20	체급
21	작정	22	전래	23	착륙	24	서점
25	책임	26	조회	27	객기	28	수석
29	구식	30	단결	31	전승	32	역사
33	유용	34	당시	35	형질	36	번개 전
37	마칠 졸	38	악할 악 / 미워할 오			39	푸를 록
40	해 세	41	능할 능	42	채울 충	43	관계할 관
44	말미암을 유	45	이를 도	46	참여할 참 / 갖은석 삼		
47	푸를 청	48	아이 아	49	공부할 과 / 과정 과		
50	법식 례	51	결단할 결	52	클 위	53	열 개
54	빠를 속	55	신선 선	56	익힐 습	57	받들 봉
58	과녁 적	59	間色	60	少數	61	風月
62	直角	63	兄弟	64	正門	65	教室
66	出現	67	高手	68	明年	69	對等
70	農村	71	市場	72	花草	73	注入
74	休	75	聞	76	庭	77	堂
78	新	79	空	80	祖	81	行 / 文
82	⑤	83	①	84	⑧	85	④
86	③	87	②	88	⑤	89	世子
90	共有	91	食水	92	서로 헤어지게 됨을 알림		
93	반을 넘음	94	서로 마음이 통하는 친한 벗				
95	図	96	読	97	万	98	④
99	⑥	100	⑥				

해설

04 局部(국부)▶(판 국)(때 부)
: 전체의 어느 한 부분. → '局'자의 대표 훈은 '판, 사태, 형편'이나 여기에서는 '부분'을 뜻합니다. → '部'자의 대표 훈은 '때, 무리'이나 여기에서는 '구분, 부문'을 뜻합니다.

05 科目(과목)▶(과목 과)(눈 목) : 가르치거나 배워야 할 지식 및 경험의 체계를 분야별로 나눈 학문의 구분. → '目'자의 대표 훈은 '눈'이나 여기에서는 '조목(條目)'을 뜻합니다.

06 切實(절실)▶(끊을 절)(열매 실) : ① 생각이 뼈저리게 강렬한 상태에 있음 ② 매우 시급하고도 긴요함 ③ 적절하여 실제에 꼭 들어맞음.
→ '切'자는 쓰임에 따라 뜻과 소리가 달라지는 글자입니다. 참 切(끊을 절, 온통 체)

09 朗讀(낭독)▶(밝을 랑)(읽을 독) : 글을 소리 내어 읽음. → '朗'자는 본음이 '랑'이나 여기에서는 두음법칙에 의해 '낭'으로 읽고 적습니다.
참 32. 歷史(역사) 33. 流用(유용)

11 變通(변통)▶(변할 변)(통할 통)
: ① 형편과 경우에 따라서 일을 융통성 있게 잘 처리함 ② 돈이나 물건 따위를 융통함.

15 神效(신효)▶(귀신 신)(본받을 효) : 신기한 효과나 효험이 있음. → '效'자의 대표 훈은 '본받다'이나 여기에서는 '효험'을 뜻합니다.

17 筆答(필답)▶(붓 필)(대답 답) : 글로 써서 대답함.

18 節約(절약)▶(마디 절)(맺을 약) : 함부로 쓰지 아니하고 꼭 필요한 데에만 써서 아낌. → '節'자의 대표 훈은 '마디'이나 여기에서는 '절약하다'를 뜻합니다. → '約'자의 대표 훈은 '맺다'이나 여기에서는 '검소하다'를 뜻합니다.

27 客氣(객기)▸(손　객)(기운 기) : 객쩍게 부리는 혈기나 용기. → '客'자의 대표 훈은 '손, 나그네'이나 여기에서는 '쓸데없다, 객쩍다'를 뜻합니다.

60 少數(소수)▸(적을 소)(셈　수) : 적은 수효.
참 小數(소수)▸(작을 소)(셈 수) : 0보다 크고 1보다 작은 실수.

61 風月(풍월)▸(바람 풍)(달　월)
: ① 자연의 아름다움 ② 얻어들은 짧은 지식.

67 高手(고수)▸(높을 고)(손　수) : ① 바둑이나 장기 따위에서 수가 높음 ② 기술이나 능력이 매우 뛰어난 사람. → '手'자의 대표 훈은 '손'이나 여기에서는 '능한 사람'을 뜻합니다.

68 明年(명년)▸(밝을 명)(해　년)
: 올해의 다음. 내년. 다음 해.

81 言行(언행)▸(말씀 언)(다닐 행) : 말과 행동.
言文(언문)▸(말씀 언)(글월 문) : 말과 글. 어문(語文).

89 洗者(세자)▸(씻을 세)(놈 자)
: 성세(聖洗)를 주는 사람.

90 公有(공유)▸(공평할 공)(있을 유)
: 국가나 지방 단체의 소유.

92 告別(고별)▸(고할 고)(다를 별)
→ '別'자의 대표 훈은 '다르다'이나 여기에서는 '헤어짐'을 뜻합니다.

94 知音(지음)▸(알　지)(소리 음)
: '음악의 곡조를 잘 안다.'는 뜻에서 '서로 마음이 통하는 친한 벗'을 비유하여 이르는 말.

98 平(평평할 평 : 干부, 총5획) : 一一一一平

99 身(몸　　신 : 身부, 총7획) : 身身身身身身身

100 成(이룰　성 : 戈부, 총7획) : 成成成成成成成

06회 예상문제
50쪽~52쪽

01	상호	02	자책	03	교통	04	약수
05	온실	06	악재	07	간언	08	부족
09	질정	10	관동	11	실격	12	작품
13	화구	14	합의	15	관망	16	변화
17	우애	18	필자	19	원양	20	면식
21	효력	22	구습	23	객지	24	이문
25	병사	26	다복	27	법전	28	경로
29	공개	30	특사	31	적연	32	물가
33	육영	34	목전	35	기류	36	지날 력
37	마칠 졸	38	뜰 정	39	홀로 독	40	참여할 참 갖은석 삼
41	뜻 정	42	기름 유	43	뒤 후		
44	판 국	45	아이 아	46	둥글 단	47	오를 등
48	나타날 현	49	농사 농	50	펼 전	51	고을 읍
52	요긴할 요	53	종이 지	54	순할 순	55	이를 도
56	이길 승	57	고울 선	58	귀신 신	59	命中
60	外家	61	國立	62	圖書	63	急所
64	休日	65	世界	66	昨年	67	名山
68	食用	69	入場	70	成功	71	放學
72	空白	73	發表	74	村	75	形
76	植	77	集	78	術	79	夕
80	心	81	短	82	⑤	83	⑦
84	①	85	③	86	④	87	⑤
88	②	89	天幸	90	弟子	91	事業
92	공사를 시작함			93	부싯돌		
94	설 / 새해 / 한 해의 절기나 달					95	対
96	来	97	楽	98	①	99	⑤
100	⑧						

해설 ◎

03 交通(교통)▶(사귈 교)(통할 통)
: ① 탈것을 이용하여 사람이나 짐이 한곳에서 다른 곳으로 오가는 일. ② 사람과 사람, 나라와 나라가 서로 왕래하며 의사를 통하는 일.
→ '交'자의 대표 훈은 '사귀다'이나 여기에서는 '오고가다, 섞이다'를 뜻합니다.

06 惡材(악재)▶(악할 악)(재목 재) : 증권 거래소에서 시세 하락의 원인이 되는 나쁜 조건.
→ '惡'자는 쓰임에 따라 뜻과 소리가 달라지는 글자입니다. 참 惡(악할 악, 미워할 오)

07 間言(간언)▶(사이 간)(말씀 언)
: 남을 이간(離間)하는 말.
→ '間'자의 대표 훈은 '사이'이나 여기에서는 '이간하다(離間 : 두 사람이나 나라 사이를 헐뜯어 서로 멀어지게 함)'를 뜻합니다.

09 質正(질정)▶(바탕 질)(바를 정) : 묻거나 따져서 바로잡음. → '質'자의 대표 훈은 '바탕'이나 여기에서는 '묻다'를 뜻합니다.

10 關東(관동)▶(관계할 관)(동녘 동) : 강원도에서 대관령 동쪽에 있는 지역. 영동(嶺東).

11 失格(실격)▶(잃을 실)(격식 격) : 기준 미달이나 기준 초과, 규칙 위반 따위로 자격을 잃음.
→ '格'자의 대표 훈은 '격식'이나 여기에서는 '정도, 품위'를 뜻합니다.

20 面識(면식)▶(낯 면)(알 식)
: 얼굴을 서로 알 정도의 관계. 안면(顔面).

24 利文(이문)▶(이할 리)(글월 문) : 이익이 남는 돈.
→ '文'자의 대표 훈은 '글월'이나 여기에서는 '돈의 한 가지 또는 그 돈을 나타내는 말'을 뜻합니다.

30 特使(특사)▶(특별할 특)(하여금 사)
: 특별한 임무를 띠고 외국에 파견되는 사람.
→ '使'자의 대표 훈은 '하여금'이나 여기에서는 '사신(使臣), 심부름꾼'을 뜻합니다.

31 的然(적연)▶(과녁 적)(그럴 연)
: 틀림없이 그러하게.
→ '的'자의 대표 훈은 '과녁'이나 여기에서는 '적실하다(的實 : 틀림없이 확실하다)'를 뜻합니다.

72 空白(공백)▶(빌 공)(흰 백)
: ① 종이나 책 따위에서 글씨나 그림이 없는 빈 곳. ② 아무것도 없이 비어 있음.

80 心體(심체)▶(마음 심)(몸 체)
: 마음과 몸. 심신(心身).

86 結束(결속)▶(맺을 결)(묶을 속) : ① 덩어리가 되게 묶음. ② 뜻이 같은 사람끼리 서로 단결함.

87 首頭(수두)▶(머리 수)(머리 두)
: 어떤 일에 앞장서는 사람. 수두자(首頭者).

88 等級(등급)▶(무리 등)(등급 급)
: 높고 낮음이나 좋고 나쁨 따위의 차이를 여러 층으로 구분한 단계.

90 題字(제자)▶(제목 제)(글자 자)
: 책이나 비석 따위의 머리에 쓴 글자.

92 着工(착공)▶(붙을 착)(장인 공) : 공사를 시작함.
→ '着'자의 대표 훈은 '붙다'이나 여기에서는 '시작하다'를 뜻합니다.

98 民(백성 민 : 氏부, 총5획) : フ コ ヨ 戸 民

99 足(발 족 : 足부, 총7획) : ` 口 口 尸 尸 足 足

100 旗(기 기 : 方부, 총14획)
: ` ー 亐 方 方 扩 扩 旅 旅 旃 旃 旗 旗 旗

07회 예상문제　53쪽~55쪽

01	감동	02	유행	03	어조	04	결국
05	임의	06	도로	07	절전	08	실망
09	속도	10	내주	11	대가	12	약재
13	교양	14	연세	15	능통	16	온화
17	당연	18	풍습	19	졸업	20	정원
21	이전	22	불참	23	친구	24	선명
25	근해	26	재산	27	염두	28	전운
29	개발	30	야외	31	품절	32	견문
33	성향	34	숙직	35	병해	36	살필 성 덜 생
37	이길 승	38	기를 육	39	결단할 결		
40	펼 전	41	공부할 과 / 과정 과			42	사라질 소
43	각각 각	44	익힐 련	45	아이 아	46	섬길 사
47	큰바다 양	48	흉할 흉	49	손자 손	50	어질 량
51	나눌 반	52	될 화	53	뜻 정	54	비 우
55	클 태	56	넓을 광	57	밤 야	58	신하 신
59	放心	60	食口	61	春秋	62	邑內
63	校歌	64	全部	65	平民	66	事理
67	表現	68	地方	69	形成	70	反對
71	昨今	72	時計	73	白雪	74	場
75	急	76	線	77	孝	78	住
79	合	80	新	81	空	82	⑤
83	③	84	⑧	85	②	86	③
87	⑤	88	①	89	新藥	90	過用
91	始球	92	나라의 운명(운수)			93	남의 부모 남의 집
94	(바둑이나 장기 등에서) 잘못 놓은 나쁜 수						
95	数	96	学	97	会	98	⑤
99	⑤	100	⑨				

해설

02 流行(유행)▸(흐를 류)(다닐 행)
: 널리 퍼져 돌아다님.
→ '流'자는 본음이 '류'이나 여기에서는 두음법칙에 의해 '유'로 읽고 적습니다.
참 10. 來週(내주) 14. 年歲(연세) 27. 念頭(염두)

03 語調(어조)▸(말씀 어)(고를 조) : 말의 가락.

05 任意(임의)▸(맡길 임)(뜻　의) : 일정한 기준이나 원칙 없이 자기 하고 싶은 대로 함.

07 節電(절전)▸(마디 절)(번개 전) : 전기를 아껴 씀.
→ '節'자의 대표 훈은 '마디'이나 여기에서는 '절약하다'를 뜻합니다.

22 不參(불참)▸(아닐 불)(참여할 참)
: 어떤 자리에 참가하지 않거나 참석하지 않음.
→ '參'자는 쓰임에 따라 뜻과 소리가 달라지는 글자입니다. 참 參(참여할 참, 갖은석 삼)

24 鮮明(선명)▸(고울 선)(밝을 명)
: 산뜻하고 밝거나 뚜렷하여 혼동되지 않음.
→ '鮮'자의 대표 훈은 '곱다'이나 여기에서는 '깨끗하다'를 뜻합니다.

28 戰雲(전운)▸(싸움 전)(구름 운)
: ① 전쟁이 벌어지려는 살기를 띤 형세. ② '전쟁터를 뒤덮은 구름'이라는 뜻으로, '대포 소리가 서린 전장'을 이르는 말.

31 品切(품절)▸(물건 품)(끊을 절)
→ '切'자는 쓰임에 따라 뜻과 소리가 달라지는 글자입니다. 참 切(끊을 절, 온통 체)

34 宿直(숙직)▸(잘　숙)(곧을 직)
: 직장에서 밤에 교대로 잠을 자면서 지키는 일.
→ '直'자의 대표 훈은 '곧다'이나 여기에서는 '번

(番 : 차례로 숙직이나 당직을 하는 일), 당하다'를 뜻합니다.

71 昨今(작금)▸(어제 작)(이제 금)
→ 서로 뜻이 상대되는 한자로 결합된 한자어입니다.

79 分合(분합)▸(나눌 분)(합할 합) : 나뉘었다 모였다 함. 나누었다 모았다 함. 분할과 통합.

80 新古(신고)▸(새 신)(예 고)
: 새것과 헌것. 신구(新舊).

81 空陸(공륙)▸(빌 공)(뭍 륙) : 하늘과 땅.

86 說話(설화)▸(말씀 설)(말씀 화)
: 민족 사이에 전승되어 오는 신화 · 전설 · 민담 따위를 통틀어 이르는 말.

91 市區(시구)▸(저자 시)(구분할 구)
: 행정구역인 시와 구.

92 國運(국운)▸(나라 국)(옮길 운)
→ '運'자의 대표 훈은 '옮기다'이나 여기에서는 '운명, 운수'를 뜻합니다.

93 高堂(고당)▸(높을 고)(집 당)
: '높게 지은 좋은 집'이라는 뜻에서, '남의 부모' 또는 상대편을 높이어 '그의 집'을 비유하여 이르는 말.

94 惡手(악수)▸(악할 악)(손 수)
→ '手'자의 대표 훈은 '손'이나 여기에서는 '바둑이나 장기 따위를 두는 기술'을 뜻합니다.

98 金(쇠 금, 성 김 : 金부, 총8획)
: ノ 人 亼 今 全 全 金 金

99 登(오를 등 : 癶부, 총12획)
: ㇇ ㇇ 癶 癶 癶 癶 癶 癶 癸 癹 登 登

100 號(이름 호 : 虍부, 총13획)
: 丶 口 口 号 号 号 号 号 號 號 號 號 號

08회 예상문제 56쪽~58쪽

01	효능	02	방임	03	중요	04	숙식
05	면목	06	각질	07	과반	08	시속
09	산아	10	법도	11	격조	12	유입
13	참견	14	우기	15	노동	16	상품
17	광고	18	정분	19	전언	20	실리
21	객실	22	양복	23	주번	24	식별
25	합계	26	경례	27	택지	28	근자
29	일과	30	기념	31	병고	32	원시
33	변절	34	졸병	35	신식	36	공 구
37	일만 만	38	손자 손	39	클 위	40	재주 술
41	흉할 흉	42	향할 향	43	지날 력	44	고을 주
45	집 당	46	맺을 약	47	멀 원	48	씻을 세
49	바랄 망	50	죽을 사	51	한가지 공	52	무리 등
53	귀신 신	54	모양 형	55	익힐 습	56	의원 의
57	하여금 사	58	받들 봉	59	注意	60	全科
61	問答	62	工夫	63	電話	64	所聞
65	清算	66	成事	67	南部	68	弱體
69	中間	70	信用	71	旗手	72	光明
73	一家	74	現	75	命	76	邑
77	農	78	業	79	後	80	發
81	今	82	⑥	83	①	84	⑧
85	③	86	⑥	87	⑤	88	①
89	代金	90	消火	91	同心		
92	우두머리 / 으뜸가는 자리			93	씨앗 / 새끼		
94	은하수	95	战 / 戦	96	薬	97	図
98	⑤	99	⑤	100	⑧		

해설 ◎

02 放任(방임)▶(놓을 방)(맡길 임)
: 돌보거나 간섭하지 않고 제멋대로 내버려 둠.

05 面目(면목)▶(낯 면)(눈 목) : 얼굴의 생김새.

06 角質(각질)▶(뿔 각)(바탕 질)
: 동물의 몸을 보호하는 비늘·털·뿔·손톱·
발톱·등딱지 따위를 이루는 물질.

11 格調(격조)▶(격식 격)(고를 조)
: ① (예술 작품에서) 내용과 구성의 조화로 이루
어지는 예술적 운치 ② 사람의 품격과 취향.
→ '調'자의 대표 훈은 '고르다'이나 여기에서는
'가락'을 뜻합니다.

12 流入(유입)▶(흐를 류)(들 입) : 흘러 들어옴.
→ '流'자는 본음이 '류'이나 여기에서는 두음법
칙에 의해 '유'로 읽고 적습니다.
참 15. 勞動(노동)

13 參見(참견)▶(참여할 참)(볼 견)
: 끼어들어 쓸데없이 아는 체하거나 간섭함.

24 識別(식별)▶(알 식)(다를 별)
: 분별하여 알아봄.
→ '識'자는 쓰임에 따라 뜻과 소리가 달라지는
글자입니다. 참 識(알 식, 기록할 지)

26 擧手敬禮(거수경례)▶(들 거)(손 수)(공경 경)
(예도 례) : 오른손을 들어 올려서 하는 경례.

27 宅地(택지)▶(집 택)(땅[따] 지) : 집을 지을 땅.
→ '宅'자는 보통 '택'으로 읽으나 '① 남의 집이
나 가정을 높여 이르는 말 ② 남의 아내를 대접
하여 이르는 말 ③ 아내의 뜻을 더하는 접미사
④ 시집온 여자의 뜻을 더하는 접미사' 등의 뜻
에서는 '댁'으로 읽습니다.

28 近者(근자)▶(가까울 근)(놈 자) : 요즈음. 근일
→ '者'자의 대표 훈은 '놈, 사람'이나 여기에서
는 '(어세를 강하게 하거나 둘 이상의 사물을 구
별하는) 어조사'를 뜻합니다.

32 元始(원시)▶(으뜸 원)(비로소 시)
: ① 사물의 처음 ② 자연 그대로 있어 발달이나
변화가 없는 상태. 원시(原始).

33 變節(변절)▶(변할 변)(마디 절)
: 절개나 지조를 지키지 않고 바꿈.
→ '節'자의 대표 훈은 '마디'이나 여기에서는 '절
개(節槪)'를 뜻합니다.

71 旗手(기수)▶(기 기)(손 수)
: ① 대열의 앞에 서서 기를 드는 사람. ② 기를
들고 신호하는 사람. ③ 사회 활동에서 앞장서서
이끄는 사람.
→ '手'자의 대표 훈은 '손'이나 여기에서는 '사
람'을 뜻합니다.

80 發着(발착)▶(필 발)(붙을 착) : 출발과 도착.

92 首班(수반)▶(머리 수)(나눌 반)
→ '班'자의 대표 훈은 '나누다'이나 여기에서는
'자리'를 뜻합니다.

93 種子(종자)▶(씨 종)(아들 자)
→ '子'자의 대표 훈은 '아들'이나 여기에서는 '열
매, 씨'를 뜻합니다.

94 雲漢(운한)▶(구름 운)(한수 한)
→ '漢'자의 대표 훈은 '한수(漢水)'이나 여기에
서는 '은하수(銀河水)'를 뜻합니다.

98 市(저자 시 : 巾부, 총5획) : ㇐ㅗㅠㅠ市

99 母(어미 모 : 毋부, 총5획) : ㇗ㄌㄌ母母

100 風(바람 풍 : 風부, 총9획)
: ノㇵㇵ凧凧凮風風風

해설 ◎

01	승산	02	착용	03	악성	04	재능
05	품종	06	대국	07	우정	08	동향
09	결사	10	공원	11	생선	12	요망
13	실효	14	약졸	15	도서	16	경의
17	변덕	18	기지	19	순풍	20	특질
21	병력	22	통념	23	사설	24	재물
25	해류	26	적중	27	기호	28	전례
29	절감	30	광야	31	관객	32	이북
33	과수	34	산유	35	당장	36	밝을 랑
37	줄 선	38	해 세	39	관계할 관	40	나라 한
41	약 약	42	할아비 조	43	눈 설	44	종이 지
45	필 발	46	공 공	47	골 동	48	지경 계
49	사라질 소	50	온전 전	51	마실 음	52	누를 황
53	구름 운	54	곧을 직	55	뿔 각	56	아이 아
57	날랠 용	58	겉 표	59	代身	60	農夫
61	間食	62	工業	63	正答	64	母川
65	軍歌	66	新聞	67	主題	68	反省
69	不便	70	各自	71	外信	72	窓門
73	手話	74	姓	75	面	76	班
77	所	78	運	79	樂	80	老
81	心	82	③	83	⑤	84	②
85	⑧	86	⑤	87	⑥	88	②
89	開始	90	同時	91	命名		
92	전기를 아껴 씀			93	혼자서 중얼거림		
94	중대한 책임			95	気	96	来
97	会	98	④	99	⑤	100	⑦

06 對局(대국)▶(대할 대)(판　국) : ① 일의 어떤 국면에 마주함 ② 바둑이나 장기를 마주 대하여 둠.
→ '局'자의 대표 훈은 '판'이나 여기에서는 '장기, 바둑 등의 판, 또는 사태, 형편'을 뜻합니다.

09 決死(결사)▶(결단할 결)(죽을 사) : 죽기를 각오함.

12 要望(요망)▶(요긴할 요)(바랄 망) : 희망이나 기대가 꼭 이루어지기를 간절히 바람.
→ '要'자의 대표 훈은 '요긴하다'이나 여기에서는 '구하다, 원하다'를 뜻합니다.

14 弱卒(약졸)▶(약할 약)(마칠 졸) : 약한 군졸(軍卒). → '卒'자의 대표 훈은 '마치다'이나 여기에서는 '군사(軍士)'를 뜻합니다.

19 順風(순풍)▶(순할 순)(바람 풍) : ① 순하게 부는 바람. ② 배가 가는 쪽으로 부는 바람.

28 典例(전례)▶(법　전)(법식 례)
: 규칙이나 법칙으로 삼는 근거가 되는 선례.
→ 서로 뜻이 비슷한 한자로 결합된 한자어입니다.

32 以北(이북)▶(써　이)(북녘 북) : ① 어떤 지점을 기준으로 하여 그 북쪽 ② 북한(北韓).
→ '以'자의 대표 훈은 '~로써, 가지고'이나 여기에서는 '부터(어떤 시점이나 표준에서 출발하여 거기서부터 구분됨을 나타냄)'를 뜻합니다.

64 母川(모천)▶(어미 모)(내　천) : 물고기가 태어나서 바다로 내려갈 때까지 자란 하천.

68 反省(반성)▶(돌이킬 반)(살필 성) : 자신에게 잘못이나 부족함이 없는지 돌이켜 봄.
→ '省'자는 쓰임에 따라 뜻과 소리가 달라지는 글자입니다. 참 省(살필 성, 덜 생)

69 不便(불편)▸(아닐 불)(편할 편) : 편하지 아니하고 괴로움. → '便'자는 쓰임에 따라 뜻과 소리가 달라지는 글자입니다. 참 便(편할 편, 똥오줌 변)

70 各自(각자)▸(각각 각)(스스로 자) : 각각의 자기 자신. → '각자'를 '각자(各者 : 각각의 사람)'로 쓰는 경우가 많으나 의미에 차이가 있으므로 주의해야 합니다.
"도시락은 각자 준비하세요."라는 문장에서 '각자'는 저마다 맡은 일을 하는 것, 또는 남의 도움 없이 스스로 일을 해결하는 것을 뜻하므로 '自'로 쓰는 것이 뜻의 전달에 있어서 보다 분명할 것입니다.

71 外信(외신)▸(바깥 외)(믿을 신) : 외국으로부터 온 통신. → '信'자의 대표 훈은 '믿음'이나 여기에서는 '소식'을 뜻합니다.

89 開市(개시)▸(열 개)(저자 시)
: 시장을 처음 열어 매매를 시작함.

91 明命(명명)▸(밝을 명)(목숨 명)
: 신령이나 임금의 명령.

92 節電(절전)▸(마디 절)(번개 전)
→ '節'자의 대표 훈은 '마디'이나 여기에서는 '절약하다'를 뜻합니다.

93 獨白(독백)▸(홀로 독)(흰 백) → '白'자의 대표 훈은 '희다'이나 여기에서는 '아뢰다'를 뜻합니다.

94 重責(중책)▸(무거울 중)(꾸짖을 책)
→ '重'자의 대표 훈은 '무겁다'이나 여기에서는 '중히 여김, 중요함'을 뜻합니다.

98 西(서녘 서 : 襾부, 총6획) : 一丆丏两西西

99 服(옷 복 : 月부, 총8획)
: 丿 月 月 月 月 服 服 服

100 級(등급 급 : 糸, 총10획)
: 乚 幺 幺 幺 糸 糸 糸 級 級 級

01	정감	02	신복	03	단속	04	세련
05	관문	06	출사	07	집결	08	고원
09	물망	10	객차	11	절실	12	작별
13	결산	14	기승	15	신원	16	이념
17	식수	18	효용	19	각도	20	참관
21	독학	22	유통	23	교훈	24	선로
25	효행	26	화법	27	기본	28	필사
29	등급	30	품질	31	댁내	32	발전
33	능동	34	졸자	35	미적	36	오를 등
37	판 국	38	채울 충	39	요긴할 요	40	잘 숙
41	차례 번	42	급할 급	43	변할 변	44	뭍 륙
45	은 은	46	동산 원	47	꽃부리 영	48	말씀 설
49	마땅 당	50	내 천	51	붓 필	52	고를 조
53	예도 례	54	클 위	55	쌀 미	56	고을 읍
57	순할 순	58	모양 형	59	成長	60	會社
61	午後	62	歌樂	63	反旗	64	三寸
65	書堂	66	分數	67	名藥	68	不正
69	各地	70	風光	71	來年	72	文明
73	人工	74	短	75	幸	76	直
77	電	78	注	79	戰	80	山
81	間	82	④	83	①	84	⑤
85	⑧	86	③	87	⑤	88	②
89	自省	90	百方	91	全部		
92	말로 전해 옴			93	노동자와 사용자		
94	무엇을 하려는 생각 / 본뜻			95	対	96	国
97	体	98	⑧	99	⑤	100	③

해설

02 信服(신복)▶(믿을 신)(옷　복) : 믿고 복종함.
→ '服'자의 대표 훈은 '옷'이나 여기에서는 '복종
하다'를 뜻합니다.

05 關門(관문)▶(관계할 관)(문　문) : ① 국경이나
교통의 요소 같은 데 설치했던 문 ② 국경이나
요새 따위를 드나들기 위하여 반드시 거쳐야 하
는 길목 ③ 어떤 일을 하려면 반드시 거쳐야 하
는 중요한 대목. → '關'자의 대표 훈은 '관계하
다'이나 여기에서는 '목, 요새'를 뜻합니다.

10 客車(객차)▶(손　객)(수레 차)
→ '車'자는 쓰임에 따라 소리가 달라지는 글자
입니다. 참 車(수레 차, 수레 거)

11 切實(절실)▶(끊을 절)(열매 실) : ① 생각이 뼈저
리게 강렬한 상태에 있음 ② 매우 시급하고도 긴
요함 ③ 적절하여 실제에 꼭 들어맞음.
→ '切'자는 쓰임에 따라 뜻과 소리가 달라지는
글자입니다. 참 切(끊을 절, 온통 체)

14 氣勝(기승)▶(기운 기)(이길 승) : 기운이나 힘 따
위가 성해서 좀처럼 누그러들지 않음.

15 身元(신원)▶(몸　신)(으뜸 원) : 그 사람의 출생
이나 출신·경력·성행 따위에 관한 일.
→ '元'자의 대표 훈은 '으뜸'이나 여기에서는 '근
본'을 뜻합니다.

16 理念(이념)▶(다스릴 리)(생각 념)
: 이상적인 것으로 여겨지는 생각이나 견해.
→ '理'자는 본음이 '리'이나 여기에서는 두음법
칙에 의해 '이'로 읽고 적습니다.
참 22. 流通(유통)

35 美的(미적)▶(아름다울 미)(과녁 적)

→ '的'자의 대표 훈은 '과녁'이나 여기에서는 '관
형사 또는 명사를 만드는 접미사'를 뜻합니다.

62 歌樂(가악)▶(노래 가)(노래 악)
: 노래와 풍악(風樂).
→ '樂'자는 쓰임에 따라 뜻과 소리가 달라지는
글자입니다.
참 樂(즐길 락, 노래 악, 좋아할 요)

68 不正(부정)▶(아닐 불)(바를 정)
→ '不'자는 한자말에서 받침의 'ㄹ'이 떨어져 나
가는 현상, 즉 '부단, 부동액, 부정, 부정확' 등과
같이 'ㄷ, ㅈ' 앞에서는 규칙적으로 탈락합니다.
다만 '부실(不實)'은 '불세출, 불신, 불순' 등과
달리 예외적인 경우로 쓰이니 주의해야 합니다.

70 風光(풍광)▶(바람 풍)(빛　광) : 경치(景致).

79 和戰(화전)▶(화할 화)(싸움 전)
: 화합하는 것과 싸우는 것.

88 責任(책임)▶(꾸짖을 책)(맡길 임)
→ '責'자의 대표 훈은 '꾸짖다'이나 여기에서는
'책임, 임무'를 뜻합니다.

89 自性(자성)▶(스스로 자)(성품 성)
: 변하지 않는 본성.

90 白放(백방)▶(흰　백)(놓을 방) : 죄가 없음이 밝
혀져 잡아 두었던 사람을 놓아 줌.

94 意圖(의도)▶(뜻　의)(그림 도) : 무엇을 하려는
생각이나 계획. → '圖'자의 대표 훈은 '그림'이
나 여기에서는 '꾀하다'를 뜻합니다.

98 術(재주 술 : 行부, 총11획)
: ′ ㇇ ㇒ 彳 千 朮 朮 秫 秫 術 術

99 安(편안 안 : 宀부, 총6획) : ′ 丶 宀 宀 安 安

100 臣(신하 신 : 臣부, 총6획) : ᅳ 丆 丆 臣 臣 臣

11회 예상문제 65쪽~67쪽

01	분류	02	고전	03	금번	04	실효
05	해악	06	경애	07	특가	08	출석
09	변동	10	육아	11	병실	12	착색
13	노고	14	명랑	15	신참	16	필승
17	근성	18	이후	19	재단	20	식순
21	광장	22	불구	23	만능	24	위공
25	합당	26	원조	27	약품	28	관상
29	하숙	30	절개	31	군계	32	우의
33	요소	34	도임	35	공통	36	귀신 신
37	큰 덕	38	벗 우	39	창 창	40	주일 주
41	선비 사	42	받들 봉	43	기름 유	44	종이 지
45	어제 작	46	모일 사	47	매양 매	48	날랠 용
49	등급 급	50	고울 선	51	고을 읍	52	쉴 휴
53	기를 양	54	기다릴 대	55	글 장	56	나눌 반
57	다스릴 리	58	아침 조	59	地圖	60	直線
61	自信	62	放生	63	公正	64	手術
65	和答	66	集計	67	利用	68	代表
69	氣球	70	風聞	71	問安	72	形便
73	消日	74	會	75	物	76	洞
77	算	78	活	79	秋	80	敎
81	海	82	⑧	83	①	84	⑤
85	④	86	⑥	87	⑤	88	③
89	外食	90	不足	91	童話	92	눈싸움
93	혼자서 중얼거림		94	여러 겹	95	讀
96	發	97	數	98	④	99	③
100	③						

해설

01 分類(분류)▶(나눌 분)(무리 류)
: 종류에 따라서 가름.

04 失效(실효)▶(잃을 실)(본받을 효)
: 효력(效力)을 잃음.
→ '效'자의 대표 훈은 '본받다'이나 여기에서는 '효험, 증험함'을 뜻합니다.

12 着色(착색)▶(붙을 착)(빛 색) : 그림이나 물건에 물을 들이거나 색을 칠하여 빛깔이 나게 함.

15 新參(신참)▶(새 신)(참여할 참) : 단체나 부류에 새로 참가하거나 들어온 사람. 새내기.

18 以後(이후)▶(써 이)(뒤 후)
→ '以'자의 대표 훈은 '~로써, 가지고'이나 여기에서는 '부터(어떤 시점이나 표준에서 출발하여 거기서부터 구분됨을 나타냄)'를 뜻합니다.

19 財團(재단)▶(재물 재)(둥글 단) : 사적 소유에 속하는 재산을 일정한 목적을 위하여 법률적으로 그 사람의 다른 재산과 구별해서 다루는 것.

20 式順(식순)▶(법 식)(순할 순)
: 의식(儀式)을 진행하는 순서.
→ '順'자의 대표 훈은 '순하다'이나 여기에서는 '차례'를 뜻합니다.

24 偉功(위공)▶(클 위)(공 공)
: 훌륭하고 뛰어난 공훈이나 업적.

26 元祖(원조)▶(으뜸 원)(할아비 조) : 어떤 일을 처음으로 시작한 사람. 시조(始祖), 창시자(創始者).

28 觀相(관상)▶(볼 관)(서로 상) : 수명이나 운명 따위와 관련이 있다고 믿는 사람의 생김새, 얼굴 모습. → '相'자의 대표 훈은 '서로'이나 여기에서는 '모습, 모양'을 뜻합니다.

30 切開(절개)▶(끊을 절)(열 개)
: 째거나 갈라서 엶.

33 要所(요소)▶(요긴할 요)(바 소)
: 중요한 장소나 지점.
→ '所'자의 대표 훈인 '바'는 '곳, 장소'를 뜻합니다.

34 到任(도임)▶(이를 도)(맡길 임)
: 지방의 관리가 근무지에 도착함.

62 放生(방생)▶(놓을 방)(날 생)
: 사람에게 잡힌 생물을 놓아주는 일.

70 風聞(풍문)▶(바람 풍)(들을 문)
: 바람처럼 떠도는 소문.

73 消日(소일)▶(사라질 소)(날 일)
: 하는 일 없이 세월을 보냄.

87 知識(지식)▶(알 지)(알 식)
: ① 배우거나 연구하여 알게 된 명확한 인식이나 판단. ② 알고 있는 내용이나 사물.
→ '識'자는 쓰임에 따라 뜻과 소리가 달라지는 글자입니다. 참 識(알 식, 기록할 지)

88 情意(정의)▶(뜻 정)(뜻 의)
: 감정과 의지. 마음. 뜻.

93 獨白(독백)▶(홀로 독)(흰 백)
→ '白'자의 대표 훈은 '희다'이나 여기에서는 '아뢰다'를 뜻합니다.

94 多重(다중)▶(많을 다)(무거울 중)
→ '重'자의 대표 훈은 '무겁다'이나 여기에서는 '거듭하다, 겹치다'를 뜻합니다.

98 父(아비 부 : 父부, 총4획) : ´ ´ ´ 父

99 光(빛 광 : 儿부, 총6획) : ` ` ` ` ` 光

100 陽(볕 양 : 阜부, 총12획)
: ` ` ` ` ` ` ` ` ` ` ` 陽陽陽

12회 예상문제 (68쪽~70쪽)

01	전개	02	도장	03	해양	04	참전
05	병졸	06	원금	07	병약	08	대필
09	여로	10	상관	11	특급	12	사용
13	미술	14	금주	15	위대	16	품행
17	요식	18	재경	19	과신	20	기온
21	전기	22	덕업	23	일체	24	계획
25	임야	26	성질	27	감정	28	중책
29	구별	30	집약	31	필연	32	지기
33	임의	34	적실	35	망원	36	뿌리 근
37	의원 의	38	둥글 단	39	고울 선	40	예 구
41	이할 리	42	비로소 시	43	들을 문	44	넓을 광
45	밝을 랑	46	씨 종	47	장사 상	48	능할 능
49	각각 각	50	곧을 직	51	마실 음	52	클 태
53	꽃부리 영	54	창 창	55	뜰 정	56	홀로 독
57	잃을 실	58	은 은	59	成果	60	場所
61	出發	62	不足	63	明堂	64	電子
65	風車	66	物理	67	男女	68	社會
69	作動	70	公算	71	問題	72	面前
73	分校	74	孝	75	表	76	班
77	空	78	紙	79	外	80	上 / 高
81	主	82	④	83	⑧	84	⑥
85	②	86	⑥	87	②	88	①
89	運數	90	死角	91	花朝		
92	경치가 좋은 곳			93	사투리	94	키
95	体	96	対	97	万	98	⑧
99	④	100	⑨				

해설

02 圖章(도장)▸(그림 도)(글   장)
→ '章'자의 대표 훈은 '글'이나 여기에서는 '도장'을 뜻합니다.

03 海洋(해양)▸(바다 해)(큰바다 양)
→ 서로 뜻이 비슷한 한자로 결합된 한자어입니다.
참 15. 偉大(위대)

05 兵卒(병졸)▸(병사 병)(마칠 졸) : 군인이나 군대.
→ '卒'자의 대표 훈은 '마치다'이나 여기에서는 '군사(軍士)'를 뜻합니다.
→ 서로 뜻이 비슷한 한자로 결합된 한자어입니다.

09 旅路(여로)▸(나그네 려)(길   로)
: 여행하는 길. 나그네가 가는 길.
→ '旅'자는 본음이 '려'이나 여기에서는 두음법칙에 의해 '여'로 읽고 적습니다.
참 25. 林野(임야)

17 要式(요식)▸(요긴할 요)(법   식)
: 일정한 규정이나 방식에 따라야 할 양식.

18 在京(재경)▸(있을 재)(서울 경) : 서울에 있음.
→ '在'자가 지명(地名)을 나타내는 대다수 명사 또는 그 명사의 축약형 앞에 붙어서 쓰일 때에는 '그곳에 살고 있는'의 뜻을 더하는 접두사를 뜻합니다.

23 一切(일체)▸(한   일)(온통 체)
: ① 모든 것 ② 전부 또는 완전히.

24 計畫(계획)▸(셀   계)(그을 획) : 앞으로 할 일의 차례, 방법, 규모 따위를 미리 헤아려 작정함.
→ '畫(그림 화, 그을 획)'자는 쓰임에 따라 뜻과 소리가 달라지는 글자이나 근래에 '그림 화'는 '畫'자로, '그을 획'자는 '劃'자로 구분하여 쓰는 경우가 많습니다.

29 區別(구별)▸(구분할 구)(다를 별)
→ 서로 뜻이 비슷한 한자로 결합된 한자어입니다.

31 必然(필연)▸(반드시 필)(그럴 연)
: 일의 결과가 반드시 그렇게 될 수밖에 없음.

32 知己(지기)▸(알   지)(몸   기)
: 자기의 속마음을 참되게 알아주는 친구. 지기지우(知己之友).

33 任意(임의)▸(맡길 임)(뜻   의)
: 일정한 기준이나 원칙 없이 하고 싶은 대로 함.

34 的實(적실)▸(과녁 적)(열매 실)
: 틀림이 없이 확실함.

66 物理(물리)▸(물건 물)(다스릴 리)
: ① 모든 사물의 이치 ② 사물에 대한 이해나 판단의 힘.

70 公算(공산)▸(공평할 공)(셈   산)
: 어떤 상태나 일이 일어날 수 있는 확실성의 정도.

79 中外(중외)▸(가운데 중)(바깥 외) : 안과 밖.

89 雲水(운수)▸(구름 운)(물   수) : 떠가는 구름이나 흐르는 물같이 정처 없음.

91 話調(화조)▸(말씀 화)(고를 조) : 말씨의 특색.

92 勝地(승지)▸(이길 승)(땅[따] 지)
→ '勝'자의 대표 훈은 '이기다'이나 여기에서는 '경치 좋다'를 뜻합니다.

98 惡(악할 악 : 心부, 총12획)
: 一 一 亍 亞 亞 亞 亞 亞 亞 惡 惡 惡

99 食(먹을 식 : 食부, 총9획)
: ノ 人 𠆢 今 今 今 食 食 食

100 國(나라 국 : 囗부, 총11획)
: 丨 冂 冂 冃 冃 同 同 國 國 國 國

13회 예상문제　71쪽~73쪽

01	객관	02	만번	03	종류	04	유효
05	후손	06	아동	07	사신	08	과식
09	대망	10	순조	11	방류	12	결성
13	참석	14	과외	15	악장	16	산업
17	관심	18	품성	19	세면	20	식자
21	군내	22	국지	23	절전	24	변질
25	선임	26	재덕	27	충당	28	도착
29	사유	30	실상	31	등속	32	육로
33	감정	34	지능	35	집단	36	심을 식
37	꽃부리 영	38	뜰 정	39	벗 우	40	푸를 록
41	약할 약	42	날랠 용	43	장사 상	44	받들 봉
45	낮 주	46	가까울 근	47	해 세	48	떼 부
49	차례 제	50	붓 필	51	해할 해	52	마을 촌
53	반 반	54	아름다울 미			55	넓을 광
56	기름 유	57	일할 로	58	짧을 단	59	書信
60	體重	61	靑年	62	用意	63	藥草
64	淸風	65	利文	66	對話	67	主題
68	身命	69	果然	70	運數	71	光線
72	注入	73	始作	74	育	75	紙
76	神	77	術	78	全	79	今
80	夏	81	北	82	⑤	83	⑧
84	②	85	③	86	⑥	87	③
88	①	89	今夕	90	圖形	91	功力
92	악독한 짓을 하는 사람						
93	(화살 따위가) 목표물에 들어맞음						
94	예전부터 있어 내려온 것 / 이제까지 해 오던 일						
95	会	96	战/戰	97	気	98	⑥
99	⑥	100	④				

해설

04 有效(유효)▶(있을 유)(본받을 효) : 보람이나 효과가 있음. → '效'자의 대표 훈은 '본받다'이나 여기에서는 '효험'을 뜻합니다.

07 使臣(사신)▶(하여금 사)(신하 신) : 임금이나 국가의 명령을 받고 외국에 사절로 가는 신하. → '使'자의 대표 훈은 '하여금(~하게 하다)'이나 여기에서는 '심부름꾼'을 뜻합니다.

08 過食(과식)▶(지날 과)(먹을 식)
: 지나치게 많이 먹음.
→ '過'자의 대표 훈은 '지나다'이나 여기에서는 '지나치다(한도나 표준을 넘음)'를 뜻합니다.

15 樂章(악장)▶(노래 악)(글　장) : ① 나라의 제전(祭典)이나 연례(宴禮) 때 연주하던 주악(奏樂)의 가사 ② 소나타·교향곡·협주곡 등의 다악장 형식을 이루면서 하나하나 완결되어 있는 악곡의 장.
→ '樂'자는 쓰임에 따라 뜻과 소리가 달라지는 글자입니다.
참 樂(즐길 락, 노래 악, 좋아할 요)

23 節電(절전)▶(마디 절)(번개 전) : 전기를 아껴 씀.
→ '節'자의 대표 훈은 '마디'이나 여기에서는 '절약하다'를 뜻합니다.

29 事由(사유)▶(일　사)(말미암을 유) : 일의 까닭.
→ '由'자의 대표 훈은 '말미암다'이나 여기에서는 '까닭'을 뜻합니다.

31 等速(등속)▶(무리 등)(빠를 속) : 같은 속도.
→ '等'자의 대표 훈은 '무리'이나 여기에서는 '가지런하다, 같다'를 뜻합니다.

35 集團(집단)▶(모을 집)(둥글 단)
: 여럿이 모여 이룬 모임.
→ 서로 뜻이 비슷한 한자로 결합된 한자어입니다.

64 淸風明月(청풍명월)
　▶(맑을 청)(바람 풍)(밝을 명)(달　월)
　: ①'맑은 바람과 밝은 달'이라는 뜻으로, '결백하고 온건한 성격'을 평하여 이르는 말 ②'풍자와 해학으로 세상사를 비판함'을 비유하여 이르는 말. 풍월(風月).

65 利文(이문)▶(이할 리)(글월 문) : 이익이 남는 돈.
　→ '文'자의 대표 훈은 '글월'이나 여기에서는 '돈의 한 가지 또는 그 돈을 나타내는 말'을 뜻합니다.

68 身命(신명)▶(몸　신)(목숨 명) : 몸과 목숨.

70 運數(운수)▶(옮길 운)(셈　수)
　: 이미 정하여져 있어 인간의 힘으로는 어쩔 수 없는 하늘이 정한 운명.
　→ '運'자의 대표 훈은 '옮기다'이나 여기에서는 '운수(運數)'를 뜻합니다.
　→ '數'자의 대표 훈은 '셈'이나 여기에서는 '운수(運數)'를 뜻합니다.

72 注入(주입)▶(부을 주)(들　입)
　: ①흘러 들어가도록 부어 넣음 ②기억과 암기를 주로 하여 지식을 넣어 줌.

89 金石(금석)▶(쇠　금)(돌　석)
　: 쇠붙이와 돌. 매우 굳고 단단한 것.

90 道兄(도형)▶(길　도)(형　형)
　: 대종교에서, 사교(司敎) 가운데 가장 덕망이 높은 사람. 도사교(都司敎).

92 惡漢(악한)▶(악할 악)(한수 한)
　→ '漢'자의 대표 훈은 '한수(漢水)'이나 여기에서는 '사나이, 놈'을 뜻합니다.

98 弟(아우 제 : 弓부, 총7획) : ﹀ ﹀ 꼴 쓸 咅 弟弟

99 勝(이길 승 : 力부, 총12획)
　: ﹀ 月 月 月 月 月' 胪 胪 朕 勝勝勝

100 雪(눈　설 : 雨부, 총11획)
　: ﹁ ﹁ 戶 戶 雨 雨 雨 雪 雪 雪

14회 예상문제　74쪽~77쪽

01	생산	02	활동	03	방과	04	봉사
05	예절	06	교육	07	인성	08	곡선
09	조화	10	초록	11	지구	12	매년
13	성공	14	현실	15	양질	16	필요
17	민족	18	내력	19	효우	20	손녀
21	물정	22	서류	23	이상	24	대화
25	가정	26	품격	27	통과	28	이유
29	대륙	30	신망	31	유실	32	약국
33	효과	34	도화	35	계산	36	아름다울 미
37	글 장	38	낳을 산	39	펼 전	40	들 야
41	씻을 세	42	알 식	43	붙을 착	44	번개 전
45	이를 도	46	겨울 동	47	붓 필	48	짧을 단
49	맺을 약	50	창 창	51	장사 상	52	클 위
53	이름 호	54	농사 농	55	클 태	56	묶을 속
57	들을 문	58	따뜻할 온	59	重心	60	安全
61	便利	62	文明	63	合作	64	勇氣
65	風樂	66	靑色	67	食飮	68	海軍
69	戰場	70	表面	71	南下	72	父母
73	三角形	74	消	75	夫	76	休
77	淸	78	始	79	⑧	80	③
81	⑤	82	①	83	⑦	84	④
85	①	86	⑥	87	⑧	88	②
89	④	90	⑤	91	⑦	92	③
93	気	94	体	95	数	96	가지고 있음
97	목표물에 맞음	98	⑩	99	⑦	100	⑥

해설

18 來歷(내력)▶(올 래)(지날 력)
: 지금까지 지나온 유래.
→ 여기에서 '來'자는 '두음법칙'에 따라 '내'로 읽고 적습니다.

19 孝友(효우)▶(효도 효)(벗 우) : 부모에 대한 효도(孝道)와 형제에 대한 우애(友愛).

21 物情(물정)▶(물건 물)(뜻 정)
: 세상의 이러저러한 실정이나 형편.
→ 여기에서 '物'자는 '사물(事物)'을 뜻하고, '情'자는 '실정(實情)'이나 '인심(人心)'을 뜻합니다.

26 品格(품격)▶(물건 품)(격식 격)
: ① 사람 된 바탕과 타고난 성품 ② 사물 따위에서 느껴지는 품위.
→ 여기에서 '格'자는 '정도, 품위(品位)'를 뜻합니다.

30 信望(신망)▶(믿을 신)(바랄 망)
: 믿고 기대함 또는 그런 믿음과 덕망.
→ 여기에서 '望'자는 '기대하다'를 뜻합니다.

31 流失(유실)▶(흐를 류)(잃을 실)
: 집이나 논밭 등이 물에 떠내려가서 없어짐.
→ 여기에서 '流'자는 '떠내려가다'를 뜻합니다.

34 圖畫(도화)▶(그림 도)(그림 화) : ① 도안과 그림 ② 그림을 그리는 일 또는 그려 놓은 그림.
→ '圖畫'는 서로 뜻이 비슷한 한자로 결합된 한자어입니다.

59 重心(중심)▶(무거울 중)(마음 심) : 무게 중심(中心).
→ '重心'은 '중심(中心)'과 혼동하기 쉬운 한자어입니다. '中心'은 '사물의 한가운데'를 뜻하는 말로, "과녁의 中心을 맞추다"라는 말에 쓸 수 있습니다.

65 風樂(풍악)▶(바람 풍)(노래 악)
: 예로부터 전해 오는 우리나라 고유의 음악.
→ 여기에서 '風'자와 '樂'자는 '노래'를 뜻합니다.

71 南下(남하)▶(남녘 남)(아래 하) : 남쪽으로 내려감.
→ 여기에서 '下'자는 '내리다. 내려가다'를 뜻합니다.

85 充足(충족)▶(채울 충)(발 족)
: ① 넉넉하여 모자람이 없음 ② 일정한 분량을 채워 모자람이 없게 함.

86 念頭(염두)▶(생각 념)(머리 두)
: ① 생각의 시초 ② 마음속.
→ 여기에서 '頭'자는 '처음, 시초(始初)'를 뜻합니다.

87 士氣(사기)▶(선비 사)(기운 기)
→ 여기에서 '士'자는 '선비 또는 군사'를 뜻합니다.

89 獨自(독자)▶(홀로 독)(스스로 자) : ① 남에게 기대지 아니하는 자기 한 몸 또는 자기 혼자. ② 다른 것과 구별되는 그 자체만의 특유함.

90 萬古不變(만고불변) : '만고(萬古)'와 '불변(不變)'을 결합한 합성어로, '萬古'는 '매우 먼 옛날. 아주 오랜 세월 동안'을 뜻합니다.

91 花朝月夕(화조월석)
: '화조(花朝)'와 '월석(月夕)'을 결합한 합성어로, '花朝'는 '음력 2월 보름'을 뜻하고, '月夕'은 '음력 8월 보름'을 뜻하기도 합니다.

98 神(귀신 신 : 示부, 총10획)
: ` ´ ニ テ 示 示 刖 神 袒 神

99 林(수풀 림 : 木부, 총 8획)
: ー 十 才 木 木 朴 村 材 林

100 室(집 실 : 宀부, 총 9획)
: ` ´ 宀 宀 宕 宏 宏 室 室 室

01회 기출·예상문제 111쪽~113쪽

01	조화	02	객주	03	해악	04	법도
05	전설	06	입석	07	주번	08	봉사
09	구색	10	광주	11	가격	12	관념
13	변질	14	운해	15	통관	16	목례
17	친절	18	요망	19	책임	20	숙제
21	단합	22	재산	23	병사	24	신선
25	독특	26	상점	27	식별	28	과로
29	연습	30	위인	31	우정	32	전개
33	공약	34	읍장	35	수상	36	붙을 착
37	흐를 류	38	집 택/댁	39	고할 고	40	판 국
41	신하 신	42	뭍 륙	43	법 전	44	채울 충
45	고울 선	46	과녁 적	47	아이 아	48	복 복
49	큰 덕	50	해 세	51	밝을 랑	52	마칠 졸
53	반드시 필	54	푸를 록	55	터 기	56	써 이
57	붓 필	58	몸 기	59	短身	60	紙面
61	戰線	62	弱	63	新	64	今
65	⑧	66	⑥	67	②	68	③
69	④	70	①	71	③	72	農業
73	飮食	74	計算	75	敎科書	76	有利
77	白雪	78	集中	79	勇氣	80	所聞
81	運動場	82	世界	83	全部	84	成功
85	發明王	86	分校	87	音樂	88	三角形
89	家庭	90	反省	91	現金	92	차를 씻음
93	비옷	94	멀고 가까움			95	対
96	読	97	体	98	⑦	99	⑤
100	④						

해설

01 調和(조화)▶(고를 조)(화할 화) → 서로 뜻이 비슷한 한자로 결합된 한자어입니다.

02 客主(객주)▶(손 객)(주인 주)
: 조선 시대에, 다른 지역에서 온 상인들의 숙소를 제공하며 물건을 맡아 팔거나 흥정을 붙여 주는 일을 하던 상인, 또는 그런 집.

03 害惡(해악)▶(해할 해)(악할 악)
: ① 해로움과 악함. ② 해가 되는 나쁜 일.

08 奉仕(봉사)▶(받들 봉)(섬길 사) → 서로 뜻이 비슷한 한자로 결합된 한자어입니다.

14 雲海(운해)▶(구름 운)(바다 해)
: 비행기나 산꼭대기에서 내려다보이는, 바다처럼 널리 깔린 구름.

15 通關(통관)▶(통할 통)(관계할 관)
: 화물 수출입의 허가를 받고 세관을 통과하는 일.

18 要望(요망)▶(요긴할 요)(바랄 망)
: 어떤 희망이나 기대가 꼭 이루어지기를 간절히 바람.

19 責任(책임)▶(꾸짖을 책)(맡길 임) → 서로 뜻이 비슷한 한자로 결합된 한자어입니다.

27 識別(식별)▶(알 식)(다를 별)
: 분별하여 알아봄.
→ '識'자는 쓰임에 따라 뜻과 소리가 달라지는 글자입니다. 참 識(알 식, 기록할 지)

29 練習(연습)▶(익힐 련)(익힐 습)
→ 서로 뜻이 비슷한 한자로 결합된 유의자입니다.
→ '練'자는 본음이 '련'이나 여기에서는 두음법칙에 의해 '연'으로 읽고 적습니다.

34 邑長(읍장)▶(고을 읍)(긴　장)
: 지방 행정 구역인 읍의 행정 사무를 맡아서 처리하는 우두머리.
→ '長'자의 대표 훈은 '길다'이나 여기에서는 '어른'을 뜻합니다.

35 首相(수상)▶(머리 수)(서로 상)
: 의원 내각제에서 다수당의 우두머리.
→ '相'자의 대표 훈은 '서로'이나 여기에서는 '재상(宰相 : 임금을 돕고 모든 관원을 지휘하고 감독하는 벼슬아치)'을 뜻합니다.

58 '己'자는 '已(이미 이)', '巳(뱀 사)' 등의 한자와 모양이 비슷하여 혼동하기 쉬운 글자입니다.

60 紙面(지면)▶(종이 지)(낯　면)
→ '面'자의 대표 훈은 '낯'이나 여기에서는 '겉'을 뜻합니다.

66 同化作用(동화작용)
▶(한가지 동)(될　화)(지을 작)(쓸　용)
: 외부에서 섭취한 에너지원을 자체의 고유한 성분으로 변화시키는 일.

90 反省(반성)▶(돌이킬 반)(살필 성)
: 자신에게 잘못이나 부족함이 없는지 돌이켜 봄.
→ '省'자는 쓰임에 따라 뜻과 소리가 달라지는 글자입니다. 짧省(살필 성, 덜 생)

98 男(사내 남 : 田부, 총 7획)
: ㇑ 冂 日 田 田 男 男

99 登(오를 등 : 癶부, 총12획)
: ㇒ ㇀ ㇁ ㇁ 癶 癶 癶 登 登 登 登 登

100 來(올　래 : 人부, 총 8획)
: ㇐ ㇒ ㇏ 丆 夾 來 來 來

02회 기출·예상문제　114쪽~116쪽

01	야외	02	다행	03	여행	04	단속
05	육로	06	독학	07	내통	08	국지
09	착색	10	면식	11	흉악	12	식순
13	내주	14	덕업	15	주택	16	이해
17	종족	18	숙제	19	분류	20	낭독
21	군복	22	상관	23	구습	24	특사
25	원시	26	기조	27	우의	28	약재
29	이전	30	실질	31	구현	32	절개
33	역사	34	가격	35	매번	36	붓 필
37	날랠 용	38	봄 춘	39	법 법	40	급할 급
41	기다릴 대	42	수레 차 / 거			43	자리 석
44	겉 표	45	은 은	46	학교 교	47	그림 화
48	왼 좌	49	누를 황	50	변할 변	51	신하 신
52	날 출	53	반드시 필	54	의원 의	55	기름 유
56	돌 석	57	이름 호	58	법 전	59	樂
60	功	61	活	62	⑦	63	①
64	④	65	⑧	66	④	67	②
68	⑤	69	大計	70	全圖	71	發電
72	넉넉하여 모자람이 없음			73	같은 속도		
74	제멋대로 내버려 둠			75	体	76	会
77	戰 / 战	78	公算	79	信用	80	市民
81	食口	82	教育	83	草木	84	家庭
85	記事	86	各自	87	風聞	88	空白
89	童話	90	名作	91	植物	92	直線
93	所重	94	運動	95	光明	96	少數
97	集中	98	⑦	99	④	100	⑤

해설 🎯

03 旅行(여행)▸(나그네 려)(다닐 행) : 일이나 유람을 목적으로 다른 고장이나 다른 나라에 가는 일. → '旅'자는 본음이 '려'이나 여기에서는 두음법칙에 의해 '여'로 읽고 적습니다.
참 05. 陸路(육로) 13. 來週(내주) 16. 利害(이해) 20. 朗讀(낭독) 33. 歷史(역사)

09 着色(착색)▸(붙을 착)(빛　색) : 그림이나 물건에 물을 들이거나 색을 칠하여 빛깔이 나게 함.

10 面識(면식)▸(낯　면)(알　식)
: 얼굴을 서로 알 정도의 관계. 안면(顔面).
→ '識'자는 쓰임에 따라 뜻과 소리가 달라지는 글자입니다. 참 識(알 식, 기록할 지)

11 凶惡(흉악)▸(흉할 흉)(악할 악)
→ '惡'자는 쓰임에 따라 뜻과 소리가 달라지는 글자입니다. 참 惡(악할 악, 미워할 오)

12 式順(식순)▸(법　식)(순할 순)
: 의식(儀式)을 진행하는 순서.
→ '順'자의 대표 훈은 '순하다'이나 여기에서는 '차례'를 뜻합니다.

16 利害(이해)▸(이할 리)(해할 해) : 이익과 손해.
→ 서로 뜻이 상대되는 한자로 결합된 한자어입니다.

24 特使(특사)▸(특별할 특)(하여금 사)
: 특별한 임무를 띠고 외국에 파견되는 사람.
→ '使'자의 대표 훈은 '하여금'이나 여기에서는 '사신(使臣), 심부름꾼'을 뜻합니다.

25 元始(원시)▸(으뜸 원)(비로소 시)
: ① 사물의 처음. ② 자연 그대로 있어 발달이나 변화가 없는 상태. 원시(原始)

26 基調(기조)▸(터　기)(고를 조)
: 사상, 작품, 학설 따위의 기본적인 경향이나 방향.

29 以前(이전)▸(써　이)(앞　전)
: ① 이제보다 전 ② 기준이 되는 때를 포함하여 그 전.
→ '以'자의 대표 훈은 '~로써, 가지고'이나 여기에서는 '부터(어떤 시점이나 표준에서 출발하여 거기서부터 구분됨을 나타냄)'를 뜻합니다.

32 切開(절개)▸(끊을 절)(열　개)
: 째거나 갈라서 엶.
→ '切'자는 쓰임에 따라 뜻과 소리가 달라지는 글자입니다. 참 切(끊을 절, 온통 체)

72 充足(충족)▸(채울 충)(발　족)
→ '足'자의 대표 훈은 '발'이나 여기에서는 '넉넉함'을 뜻합니다.

73 等速(등속)▸(무리 등)(빠를 속)
→ '等'자의 대표 훈은 '무리'이나 여기에서는 '가지런하다, 같다'를 뜻합니다.

78 公算(공산)▸(공평할 공)(셈　산) : 어떤 상태나 일이 일어날 수 있는 확실성의 정도.

93 所重(소중)▸(바　소)(무거울 중) : 매우 귀중함.
→ '重'자의 대표 훈은 '무겁다'이나 여기에서는 '중히 여김, 중요함'을 뜻합니다.

98 氣(기운 기 : 气부, 총10획)
: ノ ノ ニ 气 气 气 氛 氧 氧 氣

99 形(모양 형 : 彡부, 총 7획)
: 一 二 于 开 开 形 形

100 邑(고을 읍 : 邑부, 총 7획)
: ㇇ ㇆ 口 므 므 무 邑

03회 기출 · 예상문제   117쪽~119쪽

01	필기	02	친구	03	선로	04	계획
05	악단	06	악성	07	순리	08	세련
09	약속	10	품행	11	양지	12	금주
13	사각	14	변질	15	서점	16	행복
17	소화	18	군졸	19	지능	20	과다
21	복용	22	법당	23	선명	24	필요
25	숙직	26	결국	27	승산	28	산유
29	목적	30	합당	31	망원	32	책임
33	휴양	34	재택	35	양식	36	해할 해
37	병사 병	38	긴 장	39	나눌 반	40	늙을 로
41	머리 두	42	일 사	43	빠를 속	44	짧을 단
45	의원 의	46	아우 제	47	받들 봉	48	나타날 현
49	성 성	50	나눌 분	51	마실 음	52	손자 손
53	뜻 정	54	마을 리	55	본받을 효	56	있을 유
57	여름 하	58	값 가	59	反	60	主
61	戰	62	③	63	⑧	64	⑤
65	②	66	②	67	⑥	68	①
69	發信	70	對面	71	共同		
72	전기를 아껴 씀			73	이익이 남는 돈		
74	(남보다) 먼저 도착함			75	来	76	気
77	国	78	話術	79	立場	80	問題
81	所聞	82	運數	83	體重	84	全部
85	意圖	86	春秋	87	形便	88	代表
89	農村	90	始球	91	平等	92	公然
93	會社	94	風月	95	高手	96	活動
97	作業	98	⑧	99	⑥	100	⑧

해설

04 計畫(계획)▶(셀 계)(그을 획)
→ '畫(그림 화, 그을 획)'자는 쓰임에 따라 뜻과 소리가 달라지는 글자이나 근래에 '그림 화'는 '畫'자로, '그을 획'자는 '劃'자로 구분하여 쓰는 경우가 많습니다.

05 樂團(악단)▶(노래 악)(둥글 단)
: 음악 연주를 목적으로 조직된 단체. → '樂'자는 쓰임에 따라 뜻과 소리가 달라지는 글자입니다.
참 樂(즐길 락, 노래 악, 좋아할 요)

20 過多(과다)▶(지날 과)(많을 다) : 너무 많음.
→ '過'자의 대표 훈은 '지나다'이나 여기에서는 '지나치다(한도나 표준을 넘음)'를 뜻합니다.

23 鮮明(선명)▶(고울 선)(밝을 명)
→ '鮮'자의 대표 훈은 '곱다'이나 여기에서는 '깨끗하다'를 뜻합니다.

25 宿直(숙직)▶(잘 숙)(곧을 직)
→ '直'자의 대표 훈은 '곧다'이나 여기에서는 '번(番 : 차례로 숙직이나 당직을 하는 일), 당하다'를 뜻합니다.

29 目的(목적)▶(눈 목)(과녁 적)
→ '目'자의 대표 훈은 '눈'이나 여기에서는 '보다'를 뜻합니다.

34 在宅(재택)▶(있을 재)(집 택)
→ '宅'자는 쓰임에 따라 소리가 달라지는 글자입니다. 참 宅(집 댁, 집 택)

35 良識(양식)▶(기를 양)(알 식) : 뛰어난 식견이나 건전한 판단. → '良'자는 본음이 '량'이나 여기에서는 두음법칙에 의해 '양'으로 읽고 적습니다.
→ '識'자는 쓰임에 따라 뜻과 소리가 달라지는 글자입니다. 참 識(알 식, 기록할 지)

79 立場(입장)▶(설 립)(마당 장)
: 처하여 있는 사정이나 형편. 처지.
→ '立'자는 본음이 '립'이나 여기에서는 두음법칙에 의해 '입'으로 읽고 적습니다.

82 運數(운수)▶(옮길 운)(셈 수) : 이미 정하여져 있어 인간의 힘으로는 어쩔 수 없는 하늘이 정한 운명.
→ '運'자의 대표 훈은 '옮기다'이나 여기에서는 '운수(運數)'를 뜻합니다.
→ '數'자의 대표 훈은 '셈'이나 여기에서는 '운수(運數)'를 뜻합니다.

85 意圖(의도)▶(뜻 의)(그림 도)
: 무엇을 하고자 하는 생각이나 계획. 본뜻.
→ '圖'자의 대표 훈은 '그림'이나 여기에서는 '꾀하다'를 뜻합니다.

91 平等(평등)▶(평평할 평)(무리 등)
: 차별 없이 고르고 한결같음.
→ 서로 뜻이 비슷한 한자로 결합된 한자어입니다.

92 公然(공연)▶(공평할 공)(그럴 연)
: 세상에서 다 알 만큼 뚜렷하고 떳떳함.

94 風月(풍월)▶(바람 풍)(달 월)
: ① 자연의 아름다움. ② 얻어들은 짧은 지식.

95 高手(고수)▶(높을 고)(손 수) : ① 바둑이나 장기 따위에서 수가 높음 ② 기술이나 능력이 매우 뛰어난 사람. → '手'자의 대표 훈은 '손'이나 여기에서는 '능한 사람'을 뜻합니다.

98 花(꽃 화 : 艹부, 총 8획) : 一 十 艹 艹 艹 艹 花 花

99 家(집 가 : 宀부, 총10획)
: ` ` 宀 宀 宀 宇 宇 家 家 家

100 庭(뜰 정 : 广부, 총10획)
: ` 一 广 广 广 庐 庭 庭 庭 庭

04회 기출·예상문제 120쪽~122쪽

01	도착	02	주야	03	품종	04	역임
05	체감	06	적중	07	필승	08	요약
09	전례	10	전래	11	교양	12	당번
13	급우	14	성질	15	봉사	16	신화
17	격조	18	온정	19	변화	20	신선
21	선두	22	재덕	23	병사	24	위업
25	충족	26	재산	27	운해	28	식별
29	노동	30	기금	31	관망	32	야사
33	수석	34	해악	35	후손	36	익힐 습
37	푸를 록	38	예도 례	39	손 객	40	마칠 졸
41	흉할 흉	42	쉴 휴	43	마실 음	44	꽃 화
45	모양 형	46	법 식	47	있을 재	48	정할 정
49	어제 작	50	볼 견	51	아침 조	52	서녘 서
53	오얏 리	54	농사 농	55	잃을 실	56	때 시
57	고을 주	58	눈 설	59	合	60	空
61	短	62	⑥	63	④	64	①
65	⑦	66	⑥	67	④	68	②
69	電算	70	道場	71	風聞	72	반이 넘음
73	노인을 공경함			74	일의 까닭	75	學
76	対	77	発	78	問安	79	反旗
80	身命	81	用意	82	始作	83	人工
84	幸運	85	急所	86	校庭	87	車線
88	表現	89	戰術	90	同等	91	高下
92	消日	93	注入	94	各界	95	主題
96	書信	97	和答	98	⑤	99	⑨
100	⑥						

해설

01 到着(도착)▶(이를 도)(붙을 착)
→ 서로 뜻이 비슷한 한자로 결합된 한자어입니다.
참 15. 奉仕(봉사) 19. 變化(변화)

04 歷任(역임)▶(지날 력)(맡길 임) : 여러 직위를 두루 거쳐 지냄. → '歷'자는 본음이 '력'이나 여기에서는 두음법칙에 의해 '역'으로 읽고 적습니다.
참 29. 勞動(노동)

06 的中(적중)▶(과녁 적)(가운데 중) : ① 화살 따위가 목표물에 맞음. ② 예상이나 목표 따위에 꼭 들어맞음. → '中'자의 대표 훈은 '가운데'이나 여기에서는 '맞다'를 뜻합니다.

08 要約(요약)▶(요긴할 요)(맺을 약)
: 말이나 글의 요점을 잡아서 간추림.

09 典例(전례)▶(법 전)(법식 례)
: 규칙이나 법칙으로 삼는 근거가 되는 선례.

17 格調(격조)▶(격식 격)(고를 조)
: ① (예술 작품에서) 내용과 구성의 조화로 이루어지는 예술적 운치. ② 사람의 품격과 취향.
→ '調'자의 대표 훈은 '고르다'이나 여기에서는 '가락'을 뜻합니다.

22 才德(재덕)▶(재주 재)(큰 덕) : 재주와 덕행.

28 識別(식별)▶(알 식)(다를 별) : 분별하여 알아봄.
→ '識'자는 쓰임에 따라 뜻과 소리가 달라지는 글자입니다. 참 識(알 식, 기록할 지)

32 野史(야사)▶(들 야)(사기 사) : 민간에서 사사로이 기록한 역사.
→ '野'자의 대표 훈은 '들'이나 여기에서는 '민간(民間)'을 뜻합니다.

33 首席(수석)▶(머리 수)(자리 석)
: 등급이나 직위 따위에서 맨 윗자리. 제1위.

60 空陸(공륙)▶(빌 공)(뭍 륙) : 하늘과 땅.

74 事由(사유)▶(일 사)(말미암을 유) : 일의 까닭.
→ '由'자의 대표 훈은 '말미암다'이나 여기에서는 '까닭'을 뜻합니다.

79 反旗(반기)▶(돌이킬 반)(기 기)
: 반대의 뜻을 나타내는 행동이나 표시.

80 身命(신명)▶(몸 신)(목숨 명) : 몸과 목숨.

83 人工(인공)▶(사람 인)(장인 공) : 사람의 힘으로 자연물과 같은 것을 만들어 내는 일.

89 戰術(전술)▶(싸움 전)(재주 술)
: 작전의 기술과 방법.

90 同等(동등)▶(한가지 동)(무리 등)
: 등급이나 정도가 같음.
→ '等'자의 대표 훈은 '무리'이나 여기에서는 '가지런하다, 같다'를 뜻합니다.

92 消日(소일)▶(사라질 소)(날 일)
: 하는 일 없이 세월을 보냄.

93 注入(주입)▶(부을 주)(들 입)
: ① 흘러 들어가도록 부어 넣음 ② 기억과 암기를 주로 하여 지식을 넣어 줌.

94 各界(각계)▶(각각 각)(지경 계)
: 사회의 각 분야.

98 世(인간 세 : 一부, 총5획) : 一 十 卅 卅 世

99 科(과목 과 : 禾부, 총9획)
: 一 二 千 禾 禾 禾 禾 科 科

100 球(공 구 : 玉부, 총11획)
: 一 二 三 王 王 玗 玎 玎 球 球 球

05회 기출·예상문제　　123쪽~125쪽

01	개통	02	기온	03	결정	04	참관
05	세객	06	광고	07	부류	08	조련
09	실격	10	댁내	11	질문	12	매주
13	구색	14	세례	15	관동	16	순풍
17	요망	18	법도	19	단결	20	필연
21	과속	22	병력	23	노사	24	정감
25	상호	26	숙소	27	결과	28	목적
29	방임	30	구습	31	교류	32	독특
33	효능	34	식견	35	부당	36	이를 도
37	마실 음	38	신선 선	39	아름다울 미	40	뭍 륙
41	공경 경	42	묶을 속	43	공부할 과 / 과정 과		
44	재물 재	45	마칠 졸	46	쌀 미	47	가게 점
48	꾸짖을 책	49	으뜸 원	50	터 기	51	무거울 중
52	낮 주	53	나그네 려	54	붓 필	55	심을 식
56	밝을 랑	57	재주 술	58	고을 군	59	着
60	利	61	民	62	⑥	63	②
64	④	65	⑤	66	①	67	③
68	⑥	69	公正	70	戰時	71	代理
72	물건이 다 팔리고 없음 / 동이 남						
73	자기를 알아주는 친구	74	겨레를 사랑함				
75	万	76	図	77	楽	78	現場
79	反省	80	各地	81	表記	82	來年
83	自信	84	運命	85	分數	86	休日
87	育成	88	新聞	89	三寸	90	意外
91	直角	92	平和	93	計家	94	共同
95	手話	96	食用	97	短身	98	③
99	⑥	100	⑥				

해설 🎯

04 參觀(참관)▶(참여할 참)(볼　관)
: 참가하여 지켜 봄.

05 說客(세객)▶(달랠 세)(손　객)
: 자기 의견 또는 소속 정당의 주장을 선전하며 돌아다니는 사람. 유세객(遊說客).
→ '說'자는 쓰임에 따라 뜻과 소리가 달라지는 글자입니다.
🈂 說(말씀 설, 달랠 세, 기쁠 열)

07 部類(부류)▶(떼　부)(무리 류)
: 어떤 공통적인 성격 등에 따라 나눈 갈래.
→ '部'자의 뜻인 '떼'는 '무리'를 뜻합니다.

09 失格(실격)▶(잃을 실)(격식 격) : 기준 미달이나 기준 초과, 규칙 위반 따위로 자격을 잃음.
→ '格'자의 대표 훈은 '격식'이나 여기에서는 '정도, 품위'를 뜻합니다.

10 宅內(댁내)▶(집　댁)(안　내)
: 남의 집안을 높여 이르는 말.
→ '宅'자는 보통 '택'으로 읽으나 '① 남의 집이나 가정을 높여 이르는 말 ② 남의 아내를 대접하여 이르는 말 ③ 아내의 뜻을 더하는 접미사 ④ 시집온 여자의 뜻을 더하는 접미사' 등의 뜻에서는 '댁'으로 읽습니다.

16 順風(순풍)▶(순할 순)(바람 풍) : ① 순하게 부는 바람. ② 배가 가는 쪽으로 부는 바람.

17 要望(요망)▶(요긴할 요)(바랄 망) : 희망이나 기대가 꼭 이루어지기를 간절히 바람.
→ '要'자의 대표 훈은 '요긴하다'이나 여기에서는 '구하다, 원하다'를 뜻합니다.

18 法度(법도)▶(법　법)(법도 도)
→ 서로 뜻이 비슷한 한자로 결합된 한자어입니다.
🈂 94. 共同(공동)

22 病歷(병력)▶(병 병)(지날 력)
: 지금까지 앓은 병에 대한 모든 과정을 이르는 말.

26 宿所(숙소)▶(잘 숙)(바 소) : 집을 떠난 사람
이 임시로 묵는 곳. → '所'자의 대표 훈은 '바'이
나 여기에서는 '곳, 장소'를 뜻합니다.

28 目的(목적)▶(눈 목)(과녁 적)
→ '目'자의 대표 훈은 '눈'이나 여기에서는 '보
다'를 뜻합니다.

29 放任(방임)▶(놓을 방)(맡길 임)
: 돌보거나 간섭하지 않고 제멋대로 내버려 둠.

35 不當(부당)▶(아닐 불)(마땅 당)
: 이치에 맞지 아니함.
→ '不'자는 한자말에서 받침의 'ㄹ'이 떨어져 나
가는 현상, 즉 '부단, 부동액, 부정, 부정확' 등과
같이 'ㄷ, ㅈ' 앞에서는 규칙적으로 탈락합니다.

59 發着(발착)▶(필 발)(붙을 착) : 출발과 도착.

60 利害(이해)▶(이할 리)(해할 해) : 이익과 손해.
→ '利'자는 본음이 '리'이나 여기에서는 두음법
칙에 의해 '이'로 읽고 적습니다.

61 士民(사민)▶(선비 사)(백성 민) : 양반과 평민.

83 自信(자신)▶(스스로 자)(믿을 신)
: 꼭 그렇게 되리라는 데 대하여 스스로 굳게 믿음.
참 自身(자신) : 그 사람의 몸 또는 바로 그 사람.

93 計家(계가)▶(셀 계)(집 가)
: 바둑을 다 두고 난 뒤에 이기고 진 것을 가리기
위하여 집 수를 헤아림.

98 半(반 반 : 十부, 총 5획) : ` ´ ´ ン 二半

99 弱(약할 약 : 弓부, 총10획)
: ㄱ ㄱ 弓 弓 弓 弱 弱 弱 弱 弱

100 間(사이 간 : 門부, 총12획)
: ㅣ ㄱ ㄱ ㄱ ㄱ 門 門 門 門 問 問 間

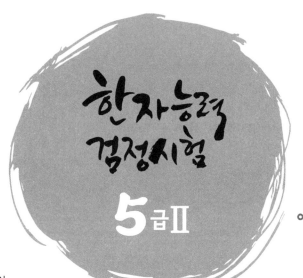

- **인 쇄** · 2024년 2월 5일
- **발 행** · 2024년 2월 10일

- **엮은이** · 원 기 춘
- **발행인** · 최 현 동
- **발행처** · 신 지 원

저자와의
협의하에
인지 생략

- **주 소** · 07532
  서울특별시 강서구 양천로 551-17, 813호(가양동, 한화비즈메트로 1차)

- **T E L** · (02) 2013-8080~1
  F A X · (02) 2013-8090
- **등 록** · 제16-1242호
- **교재구입문의** · (02) 2013-8080~1

정가 15,000원

ISBN 979-11-6633-397-2 15710